U0918811

说谎心理学

为什么不说谎，我们就活不下去？

[英] 伊恩·莱斯利（Ian Leslie）◎著
杨语芸◎译

BORN LIARS

Why We Can't Live Without Deceit

CNS PUBLISHING & MEDIA 湖南文艺出版社 HUNAN LITERATURE AND ART PUBLISHING HOUSE 博集天卷 CS-BOOKY

图书在版编目（CIP）数据

说谎心理学：为什么不说谎，我们就活不下去？ /
（英）莱斯利（Leslie，I.）著；杨语芸译 .— 长沙：
湖南文艺出版社，2013.5
书名原文：Born Liars：Why We Can't Live Without deceit
ISBN 978-7-5404-6089-1

Ⅰ.①说… Ⅱ.①莱…②杨… Ⅲ.①谎言—心理学分析
Ⅳ.①C912.69

中国版本图书馆 CIP 数据核字（2013）第 055910 号

著作权合同登记号：图字 18-2013-99

上架建议：畅销·心理

说谎心理学：为什么不说谎，我们就活不下去？

作　　者：[英] 伊恩·莱斯利
译　　者：杨语芸
出 版 人：刘清华
责任编辑：薛　健　刘诗哲
监　　制：陈　江　毛闽峰
特约编辑：李　娜　陈春红
版权支持：辛　艳
封面设计：夏吉安　崔振江
版式设计：崔振江
出版发行：湖南文艺出版社
（长沙市雨花区东二环一段 508 号　邮编：410014）
网　　址：www.hnwy.net
印　　刷：北京天宇万达印刷有限公司
经　　销：新华书店
开　　本：700mm × 1000mm　1/16
字　　数：220 千字
印　　张：16.5
版　　次：2013 年 5 月第 1 版
印　　次：2013 年 5 月第 1 次印刷
书　　号：ISBN 978-7-5404-6089-1
定　　价：39.00 元
（若有质量问题，请致电质量监督电话：010-84409925）

目录
CONTENTS

目录
CONTENTS

目录
CONTENTS

说谎心理学：

为什么不说谎，我们就活不下去？

BORN LIARS

前言

蛇骗了我，我就把苹果给吃了。
——夏娃

《圣经》上说，说谎让人沉沦。有史以来无论从康德到欧普拉，还是从哲学家到名人们，大家对说谎的态度向来都很明确——谴责并抵制。我们也时常教导孩子“绝对不能说谎”，因为说谎就是颠倒是非、脱离常规，同时也会成为苦难的根源。恐怕世间没有哪件事能像说谎那样令我们深恶痛绝。

当然，每当提到“说谎”，通常都是指责别人在说谎。发生争执的情侣指责对方说谎，有选举权的公民断言所有的政客都是骗子，笃信宗教的人指责无神论者藐视真相，无神论者则指责那些去教堂做礼拜的人让史上最大的谎言永垂不朽。在这些争论中，谁对谁错并不重要，而它的原理基本上是一样的：我说的都是真话，你则用虚构的、对你有利的辞藻来欺骗我。

奇怪的是，说谎并不像偷窃、虐待或谋杀等刑事犯罪那样骇人，因为说谎是人人都会犯的道德罪行，而且人们还非常习惯犯这种罪。心理学家贝拉·德保罗（Bella DePaulo）要求147个人记录他们在一周内的社会互动，同时记录下他们有意误导别人的次数。其研究报告指出，**受试者平均每天都会说谎1.5次**，这应该是保守的估计。而另一位研究者罗勃特·菲尔德曼（Robert Feldman）则发现，**第一次见面的陌生人在10分钟内就会说3次谎**。

日常生活中，常常会有这种情况：明明自己的身体很不舒服，但嘴上却说“我很好，谢谢”，这时我们在说谎；在我们看到某个长得像外星人的婴儿而惊讶不已的时候，可嘴里却说“多么漂亮的宝贝啊”，这时我们在说谎；当我们撕开梅拉阿姨精心包装的黛安娜王妃瓷像时，我们的表情已经做好说谎的准备了。我们每个人都经历过曾经假装生气或悲伤，也曾经虚情假意或口是心非地说过“我爱你”，就像我们曾虚与委蛇地赞美过别人的厨艺一样。我们要求孩子在收到奶奶送的生日礼物——肥皂时，要满怀感恩地微笑。之后，我们对此还要解释道：“如果不这样做的话，圣诞老公公今年就不会来了哦！”马克·吐温曾经说过：“大家都在说谎。每一天、每一小时、清醒时、沉睡时、在梦中、在喜悦中、在哀悼中。”

在此，我们不仅仅为“不能说谎”的禁令破例，甚至还会热烈地赞同谎言。某医生对一位罹难者的丈夫讲述道，你的妻子在意外发生后并未遭受太多的痛苦，瞬间就丧命了。而事实上，他的妻子生前最后几个小时承受了巨大的疼痛。无论事实与否，我们都会大加赞扬这位大夫，认为他极富同情心。当一位失望不已的足球教练在中场休息时极力说服他的球员，他对他们的能力非常有信心，相信他们能够追回输掉的两个球时，我们会赞扬这是一种懂得鼓舞士气的领导策略

（尤其当这个球队最后真的赢球时，我们更会这样认为）。我们也赞同那些有助于建立和睦关系的谎言，例如，对那些真心帮助过我们，光对他说“谢谢”还远远不够的人，还有对那些在特定的情况下，需要对其说出一些违心之语才算合乎情理的人所说出的“必要的谎言”，我们称之为“白色谎言”，但如果要我们精确定义什么样的谎言才可以称得上是“白色谎言”时，又很快会因为其模棱两可的特性而自相矛盾。

只要不是直截了当地说真话，就是说谎。近年来，许多不同领域的学者都开始研究谎言在我们生活中扮演的复杂角色。科学家们观察孩子的说谎行为，研究人类在说谎时大脑的变化，将人类的欺骗行为与那些遗传关系最亲近的“动物亲戚”相比较，他们的发现已经推翻了我们对谎言的假设。当我开始研究这个议题时，本以为人类会说谎是一种物种的缺憾，总有一天会被改正；然而我却发现，**说谎其实驱动了人类的演化。**我以为我知道该如何指认说谎的人，但是我错了。我将谎言视为一种心智不稳定的征兆，然而事实告诉我，**善于说谎的人比其他人更为安定和谐。**我相信我对自己一向很诚实，但事实上，这本身就是自我欺骗，因为所有人都善于自欺。而且，自欺是一种需求，而不是问题。**自欺会带领我们获得更成功的事业、拥有更健康的体魄、获取更快乐的关系。**同时我也发现，当我们无法说谎时，我们会生病、沮丧或抓狂。

简单来说，说谎不是人类的堕落，而是天性如此。**欺骗以及察觉别人的谎言是人类独特的能力，**这种能力在我们的日常生活中极其有分量。**如果不先了解欺骗，就无法了解人类社会，甚至无法了解你自己。**

我在前面引用了夏娃在面对上帝指责时的辩词。但在这个故事中，谁是说谎的人？肯定不是蛇，它只是鼓励夏娃和亚当这对年轻的情侣享用水果；真要追究谁是说谎的人的话，这个人就是上帝。因为他告诉亚当和夏娃，如果他们吃了苹果就会丧命。亚当和夏娃无疑吃掉了苹果，却没有死。可见，上帝并不诚实。换句话说，如果连上帝都无法做到诚实不欺的话，我们凡人又有谁可以做到永不撒谎呢？

第一章　说谎的动物：

我们的智慧因欺骗而得益

BORN LIARS

Why We Can't Live Without Deceit

每一个团体成员都要依赖他人的帮助才能生存下去并繁衍生息；而在争夺食物与配偶时，又都必须学会利用别人、用谋略胜过他人——至少要知道如何避免同样的坏事发生在自己身上……越懂得预计自己的行为对别人的影响，以及别人的行为对自己的影响，存活的机会就会越大。

这无关道德，只为生存。

——乔治·斯坦纳（George Steiner），《巴别塔之后》

在丹尼尔·笛福（Daniel Defoe）1719年出版的小说《鲁滨孙漂流记》中，主角鲁滨孙·克鲁索（Robinson Crusoe）只身漂流到荒岛上。为了存活下去，他要自己建造遮风避雨的居所、采集食物，并时刻抵御外来的侵犯。他挖了个洞穴，用石头和木材制造了些工具；他打猎、养羊、种玉米，甚至学会制作陶器。最初的年月里，在荒岛上陪伴他的只有一只鹦鹉，大约15年后，鲁滨孙从一群土著手中救下了一个野蛮人，从此这位被命名为“星期五”的男子就成了鲁滨孙的同伴。他教“星期五”讲英文，并使“星期五”信仰基督教。后来他们一起从野蛮人手中拯救出其他的囚徒，并开始建立一个小型社会。

后来，科学家在对人类智慧进行研究时，常常引用鲁滨孙这个神话一般的故事。据称，我们人类是因为驾驭自然环境、对石头等熟悉的物件有了新的使用方式、制作工具，并且用新的方法来运用我们的身体，才变得强壮聪慧。随着时间的推移，那些能有效运用上述工具的物种在演化中得以存活，其大脑也越来越发达。身为人类，我们就是这种有良好适应能力的物种。所以，不难看出这个故事为什么迷人：这让人类显得高贵、灵巧且聪明。不过，这种说法对于我们非凡的心智能力而言，还不能提供最完美的解释。

※ ※ ※

人类的大脑也许是演化史上最令人赞叹的成就——同时也是最神秘难解的奇迹。原始人的脑容量仅为现代人的1/3；大约在150万~200万年前，人类祖先的脑容量开始以相当快的速度扩展，科学家始终不知道原因。**大脑极耗资源，它的质量只占人体的一小部分，却消耗了人体1/5的能量。**增大的脑容量需要消耗更多的食物，而获得更多的食物则代表着可能遭遇更高的风险，因此，我们的智慧显然是危险的奢侈品。我们的大脑尺寸比猩猩的大脑大上许多，这就难以解释为什么我们和猩猩住在相似的环境中，而且和它们的DNA有98%完全一样，但在某个演化的时间点上，我们却将它们远远地甩在身后。就好像陶比和莎拉这对能力相当的双胞胎一样，在刚刚入学的前几年，两个人的成绩相仿；然而从某个学期开始，陶比开始大幅度领先，他可以回答非常复杂的问题，而且在每次考试中都有杰出的表现，但莎拉却表现平平。如果不是靠作弊，这种现象就值得深思了。

对于人类为什么会拥有较高的智能，近数十年来有一种新的解释，就是**“善于欺骗”这一能力使人类拥有了高智商。**这个理论之所以萌发，是因为某位科学家注意到了在鲁滨孙的故事里，有一个非常重要的条件：其他人的出现。

※ ※ ※

在现代学术圈中，像尼古拉斯·汉弗莱（Nicholas Humphrey）这种通才型的学者可以算是稀有动物。他主要的学术兴趣是研究人类大脑的功能，并忽略学术间的界线，同时不想在搜集论据上耗费太多精力。他采用的方法是对其他研究者探究的课题进行重新构思，然后提出自己的大胆假设，并等着其他学者花上好几年的时间进行筛拣验证，来证明他的论点。而在别人为此花费大量精力时，他已经把注意力放到别的事情上去了，而等到他人的结论出炉时，往往证实了汉弗莱的大胆推论是正确的。

1976年，汉弗莱独具风格地介入了对人类演化的争议。在《智力的社会功能》（“The Social Function of Intellect”）一文中，他挑战了认为人类智能是“我们的祖先必须对抗自然环境才演化而成”的传统观点。他说，我们之所以持有这种传统观点，原因之一就在于我们误读了《鲁滨孙漂流记》一书。我们误以为，鲁滨孙的难关是在他必须依靠自己才能活下去的、独处的那几年，而事实上，或许“星期五”的出现，才是鲁滨孙真正试炼的开始，因为他必须学习（或是再学习）跟他同样聪明的生物的沟通及合作。所幸“星期五”对鲁滨孙非常忠诚，但如果“星期五”非常狡诈，不值得鲁滨孙信任，那鲁滨孙就必须提高警惕了。况且，如果“星期一”“星期二”和“星期三”同时出现呢？更别提可能还会出现一个叫“星期四”的她了。

汉弗莱表示，很难相信我们的祖先演化出较高的智商只是为了应对生存问题。当然，制造工具需要一定程度的智商，而像每当掠食者出现，原始人类不得不爬到树上去这类事情并不需要创造性。某个人在偶然中发明了某项技术，那么其他人要做的事，就是应用这项技术。少数物种——尤其是人类——拥有惊人的先见之明和杰出的推理能力，汉弗莱将其称之为“创造性智力”。我们可以推断小说情节再盘算主人公该有什么样的反应；我们可以在事情发生前先预见它的发生，如果够幸运，我们还能阻止事情发生。这种想象力从何而来？汉弗莱认为，它或许来自旧石器时代社会生活中出现的挑战。

人类以及直系祖先群居的环境，比其他灵长类动物还要广大也更复杂。较大的社群会给人较高的安全感，但也会出现更多的流言蜚语和更激烈的竞争。每一个团体成员都要依赖他人的帮助才能生存下去并繁衍生息；而在争夺食物与配偶时，又都必须学会利用别人、用谋略胜过他人——至少要知道如何避免同样的坏事发生在自己身上。在这样的环境中，凡事必须加倍小心（至少要记住已经发生过的事），才能在战略游戏中存活下来。这表示必须要能够记住人的脸——你必须记住谁在今天早上或上周对你做了什么事，谁是你的朋友，谁又是敌人？这表示你必须预估你对别人做的事会产生什么后果，以及他们的作为对你的影响。你必须在混沌的、时常变化的情境中完成这一切。

汉弗莱认为，适应社会生活远比应对自然环境更需要成熟的智力。毕竟，树木不会移动，石头也不会因为要夺取你的食物而欺骗你。当我们的祖先从森林迁移到开阔的草原上时，原本就复杂的社会生活又混进了来自新环境的挑战，让祖先们的心智演化如同加装了火箭推进器，智人（Homo Sapiens，现代人的学名）因此而诞生。

这就是汉弗莱的观点。长久以来，“社会智能”的假设一直都由于欠缺证据而充满争议。汉弗莱的论文就像是给生物学家们下的战书，但始终没有人接受挑战。直到20世纪80年代，理查德·伯恩（Richard Byrne）和安德鲁·怀特恩（Andrew Whiten）才接下战书。这两位任职于英国圣安德鲁斯大学（University of St Andrews）的灵长类动物学家一直希望闯出名堂，如果他们能够证实或推翻汉弗莱的假设，他们就能成名。为了达到这个目的，他们调整方向，锁定社会行为的一个特殊层面：欺骗。他们阅读了简·古道尔（Jane Goodall）针对猩猩骗局的研究报告；同时，他们在南非德拉肯斯堡山脉（Drakensberg mountains）的实地研究中，也发现了狒狒用于欺骗的巧计。他们询问从事其他实地研究的同人后，得知也有类似的发现，因此乐不可支。

一只年轻的狒狒攻击同伴后，引发其他年长的狒狒从远处跑来，想要对它施以责罚。该狒狒突然发出“敌人来袭”的警报式吼叫，并站立起来眺望远处的山谷。其他狒狒以为猎人或敌群即将到来，放弃了对它的责骂，也一起朝那个方向望去。虽然最后事实证明一点儿威胁也没有，但长辈们已经因此分了心，全然忘记了自己当初跑过来的目的。

两只年轻的猩猩正在拼命挖掘之前埋在土里的食物。而当它们发现一只年长的猩猩靠近时，它们立刻站起来走开，以远离食物埋藏地，并抓耳挠腮，装出一副无所事事、四处闲逛的样子。等年长的猩猩离开后，那两只猩猩才又回到那个地方，把食物挖了出来。

一只雌狒狒被一只成年雄狒狒赶出了自己的觅食区，这只雌狒狒既不抗议也没有黯然远去，似乎酝酿出了一个新的计划。它看了一眼雄狒狒，邀请它和自己一起去攻击另一只在附近进食的年轻雄狒狒。当成年雄狒狒费力地追赶无辜的年轻狒狒时，雌狒狒趁机回到了自己的觅食区。

其他同事认为这些事件只是特例，伯恩和怀特恩却不这么想。他们执着地认为，这些灵长类动物，尤其是大型猩猩，像是黑猩猩、金刚猩猩或红毛猩猩，都是说谎“惯犯”。这样的怀疑让这两位科学家开始思考智人的演化历程。在远古环境中，**越懂得预计自己的行为对别人的影响，以及别人的行为对自己的影响，存活的机会就会越大**。也就是说，**谁越善于欺骗，谁就越拥有繁衍的优势**，因为说谎者能够靠着欺骗别人而获得食物。同样，**越快察觉欺骗行为，也越有利于生存**，因为能够避免自己被欺骗。正如演化心理学家大卫·利文斯通·史密斯（David Livingstone Smith）写道：“在说谎者的世界中，谁能拥有‘谎言探测器’，谁就占据优势。”当每一个物种都更善于耍弄把戏或发现别人的把戏，演化史上的“军备竞赛”（和平时期，敌对国家或潜在敌对国家互为假想敌，在军事装备方面展开的质量和数量上的竞赛）就会跟着发展。这些物种会演化出更好的记忆力、预先思考的能力，也能够在这种思考的微妙游戏中，考虑别人下一步会怎么做及其行动的目的。

最初，伯恩和怀特恩很难公开他们的发现。“欺骗”在人类演化中所扮演的角色，在当时并不受重视。科学家也和一般人一样，有自己的偏见和盲点。而且，被人直言不讳地指出“我们都在撒谎”，总不是件让人舒服的事情。所以，如果你相信人类是“由技巧独创性和诚实辛劳而演化过来的”，就很难接受人是“由口是心非和欺骗而演化成功”的反面论调。

但我们都知道，上天并不会因为物种的本性诚实，就对它加以庇佑，所以许多物种将欺骗当作存活下去的必要手段。东部猪鼻蛇（Eastern Hognose snake）在受到威胁时会将腹部朝上、使身体发出恶臭并让舌头滑出口腔，种种动作都是为了装死；印尼巴厘岛外海的拟态章鱼（The Mimic Octopus，一种可以随意改变身体颜色和形状、模拟各种环境和其他海洋生物的章鱼）能够伪装成至少15种不同的海洋生物，只为骗取猎物或避开敌人；雌珩鸟（plover）在狩猎者逼近时，会飞离自己的巢穴并假装翅膀断裂，好让敌人远离它的雏鸟。

别说动物了，就连植物都会假装。北非的镜兰（Mirror Orchid）会开一种小花以吸引潜在的授粉者。因为这种花朵没有花蜜，所以它用一种特殊的“骗术”去引诱大意的授粉者——它模仿雌黄蜂，蓝紫色花蕊就像雌黄蜂静止的翅膀，而红色的长须则模仿昆虫腹部的毛须。这是个诱饵，是好色雄蜂的昆虫色情片。

在1982年，伯恩和怀特恩耸人听闻的见解终于得见天日，而另一本新书的出版则吸引了学术界内外的注意力。弗兰斯·德瓦尔（Frans de Waal）的《黑猩猩的政治》（*Chimpanzee Politics*）绘声绘色地描写了荷兰动物园黑猩猩的圈子里权力关系的转变，全书读起来就像描述黑帮争斗的电影剧本，包括联盟的形成、瓦解又重组，个体被操弄、有计划的暴力行动，争夺和引诱雌性。德瓦尔归纳他的发现，并提出对人类政治的洞见，书中不时引述尼科洛·马基雅维利（Niccolò Machiavelli）《君主论》（*The Prince*）中的句子（这本书以“人类是不会实践诺言的低劣生物”为主旨，劝诫统治者必须知道“如何成为伟大的说谎家、如何具备欺骗的手段”而闻名）。

伯恩和怀特恩深深着迷于德瓦尔的研究工作，特别是那些与公然说谎有关的场景。例如，一只名为普斯特的雄猩猩想要追求一只雌猩猩，但这只雌猩猩不理它。几分钟后，普斯特远远地并友好地朝雌猩猩伸出手，当等到年轻的雌猩猩慢慢靠近时，普斯特开始轻轻地喘息——这通常本该是亲吻的序幕。可突然间，普斯特一个箭步冲上去，抓住了雌猩猩的手，狠狠地咬了一口。德瓦尔称这个动作为“骗人的和解提案”，任何去过游戏厅或看过《黑道家族》（*The Sopranos*，描写美国黑手党的故事）的人都不难识别出来。

《黑猩猩的政治》的成功使得灵长类欺骗行为的研究有了新的、正统的基础。到了1988年，伯恩和怀特恩终于出版了他们的新书——《权谋政治家的智商》（*Machiavellian Intelligence*，这个书名的灵感来自德瓦尔）。伯恩和怀特恩收集了他们找到的所有欺骗的例子，并将它们分类为：戏弄、假装、隐瞒和分散注意力。这本书令人惴惴不安但又十分有力地指出：我们的智力开始于“社会操控、欺诈以及狡猾的合作”。伯恩和怀特恩终于获得了属于他们的荣耀：《权谋政治家的智商》带来了非常重要的影响，不仅仅体现在演化理论方面，更涉及心理学和经济学。但是，还差一个步骤。虽然伯恩和怀特恩已经拥有了足以将智力和欺骗的能力联结在一起的理论支撑，也列举了足够多的事件，但他们仍然缺少确凿的证据。利物浦大学的人类进化学家罗宾·邓巴（Robin Dunbar）在证据方面助了他们一臂之力。

无疑邓巴也受到了汉弗莱社会智力理论的启发，不过，他不知道较大的脑袋是不是身处大型社会团体的必要条件。他发现就体型比例而言，所有灵长类的脑袋都很大，尤其是身处大型社群中的狒狒，脑袋尤其大；而住在较小型社群中的长尾猴，脑袋的尺寸就比较小。试想，如果你身处5个人的团队中，你只有掌握10段不同的关系，才能够成功驾驭这个团体里面的社会动态——也就是说，了解谁和谁是同盟，谁值得你花时间、花精力，而谁不值得，这已经够困难了；而如果你的团队中有20个人，你必须处理190种双向关系：19笔与你有关，其余的171笔则与团体中的其他人有关。当团队扩张到4倍大时，它的关系数量以及处理这些关系需要的智力，则会增加近20倍。

邓巴研究了世界各地的大量灵长类资料，找出动物脑袋的大小和它们典型团体大小之间的数据关系。他用新皮层（neo-cortex）的体积表示脑容量，这个部位位于大脑外层，有时候也被指称为大脑的“思考”部位，因为它处理的是抽象、反省和提前计划等工作，这些都被汉弗莱称为“应对社会生活混乱旋涡”的必要技能。灵长类生物，特别是人类大脑中的此部位，大约在200万年前就开始迅速扩增。

虽然邓巴只发现了这样的关联，但此发现却令学者们为之一惊。因为仅仅知道某物种平均的新皮层大小，就能够预测这个物种的社群大小，这个发现的确让人匪夷所思。后来，邓巴以人类为对象进行了预测和研究，其结果的正确性令人咋舌。根据我们的大脑容量，邓巴认为我们能够应对的社会团体（我们能够把酒言欢的对象）大约是150个人。确定的是，当他整理了人类学和社会学的文献后，发现许多人类的社会团体大小——从狩猎采集社会到现代军事部队再到公司的管理部门——都差不多是150个人左右。

受到邓巴研究的鼓舞，理查德·伯恩后来和年轻学者纳迪亚·库柏（Nadia Corp）共事，企图论证欺骗和脑容量是否有关联。伯恩和库柏试图在野生灵长类动物身上观察欺骗行为，研究范围已经比伯恩和怀特恩当初进行的开创性假设更为宽泛。他们发现物种说谎的频率直接与其新皮层的大小成正比，夜猴（bush baby）和狐猴（lemur）的新皮层相对较小，它们的行为最为“光明磊落”；而像大猩猩这种擅长欺骗的动物，它们的新皮层也最大。于是，最初的理论得到了证实：**越精于说谎的动物脑容量就越大**。

但伯恩并未测量拥有最大脑容量的动物——智人的说谎能力。他也的确不必那么做。关于哪一种动物可以荣膺说谎冠军，想必大家都没有异议。

※ ※ ※

在19世纪中叶，菲尼亚斯·泰勒·巴纳姆（P. T. Barnum，美国巡回演出团老板和马戏团老板）在美国博物馆展览了各种畸形人及动物怪胎，包括长胡子的女人、大白鲸以及颇为争议的连体婴。这个展览当然非常受欢迎，但也给巴纳姆带来了麻烦，用现代的流行语来说，他遇到了“翻台率慢”的问题——观众花太多时间徘徊在展品前，导致博物馆里非常拥挤。为了解决这个问题，巴纳姆精心选择了一组暧昧隐晦的词来指示出口：“To the Egress（前往出口）”。观众以为这个指示牌会引导他们走向另一个奇怪的生物，因此跟随这个指示牌前进，结果却发现已经走到了馆外。由此，**谎言可以定义为是有欺骗意图的错误叙述**，但如果我告诉你比利时的首都是巴黎，你明知道我说错了，却不会指责我说谎，只会认为我弄错了，或者我在开玩笑。如果说话的人以为自己说的是事实，那么说错话不代表说谎；但是如果你知道，我之所以这么说是为了使你输掉益智问答比赛，那么你就会认定我在说谎。

正如巴纳姆的例子所示，**真相有可能是谎话，不欺骗别人却也是在说谎**。让－保罗·萨特（Jean-Paul Sartre）的短篇小说《墙》（*The Wall*）的背景设定在西班牙内战时期，法西斯要求即将被处死的巴普罗·伊比埃达（Pablo Ibbieta）供出其同志拉蒙·格里（Ramon Gris）的下落。伊比埃达误以为格里与他的表弟躲在一起，为了给格里争取更多的时间，他谎称格里躲在墓地。但在黎明到来的时分，他发现自己犯了可怕的错误，因为格里确实转移到墓地，并被捕了。伊比埃达原本是想欺骗敌人的，结果却告诉了他们真相。

谎言是种因时制宜的东西，而且具有无穷无尽的形态。一个小小的谎言足以简化一个复杂万分的故事或保护自己的隐私。例如，想要从讨厌的社交活动中脱身——“星期四？那天晚上我有低音管的练习课。”有些人说谎是为了得到赞美，有些谎言则是为了避免自己或他人受到身体或情绪的伤害。当然，谎言也可以非常严重——掩盖事实以获取我们想要的东西。

不过，有些时候说谎纯粹是乐趣：我们曾经都听到过他人过分夸张地叙述自己的故事。“我是你这辈子见过的最会说谎的骗子，真是糟糕。”说这话的人是《麦田里的守望者》中那位14岁的英雄霍尔顿·考尔菲德（Holden Caulfield），“即使我只是准备到店里买一本杂志，但如果有人问我上哪儿去，我也能大言不惭地说：‘我要去听歌剧’，这可真糟糕。”某些人之所以要夸大其词，可能也像考尔菲德一样，只是因为谎言会使自己的故事显得比较有趣。

在本书中，我经常交互使用“欺骗”和“说谎”这两个词，然而事实上，它们的含义大不相同。美国最伟大但也最古怪的魔术师杰瑞·安德鲁斯（Jerry Andrews）毕生有一个重要的原则，在他的魔术生涯中，他从不说谎。尽管看起来他和其他魔术师一样，都是靠着欺骗的手法在变魔术，但安德鲁斯设计的魔术，却是一面实施障眼法，一面说着实话。例如在把指定的纸牌从桌子上变出来之前，他会说“这看起来好像是我正把纸牌放到桌子中央”，事实上也的确如此。由于经常指出哪里可能是障眼之处，这使得安德鲁斯的表演变得很困难，但这正是他的魔术的美妙之处。“欺骗”可能会用到声调、微笑或实物道具，但“说谎”一定会用到词语，因为它需要通过嘴巴来实现。

的确，人的欺瞒能力是为了应对旧石器时代的社会生活而产生的，而更高层次的说谎这一能力却依赖于语言的出现。对于这种能力具体的产生时间，有人说是在5万年前，有人说是在50万年前，学者们对此总是争论不休。相较于欺骗而言，说谎无疑是个大跃进，因为它的出现，让人们省略了费力的肢体表现——不必指着食物来告诉你它在那里，只要动动嘴就能让你自己发现真相——欺骗的可能性也就因此变得更加多元化并且精致。①

① 讲到语言的本质，在亚马孙河流域的马蒂斯部落（Matses）的语言有一种结构，会迫使说话者明确地指出其所说的话的依据所在。例如马蒂斯人说：“刚才有一只动物经过。”那他必须找出让这句话成立的证据，或者它留下了脚印，或者刚才某某也看到了。反之，如果某人的话没有上述的结构，就会被视为谎言。根据语言学家盖伊·多伊切（Guy Deutscher）的说法，如果你问马蒂斯人他有多少老婆，除非老婆们此刻全都在他面前，否则他只能用过去式告诉你：“我上次算的时候有两个。”毕竟，他并不能确定从上回见过她们之后（即便是5分钟前），是否其中有人过世或者与别的男人私奔了。也就是说，对马蒂斯人而言，如果把以前的状况用现在时回答，就可能是欺骗。

当我们阅读有关灵长类动物欺骗的故事时，马上就会觉得不舒服。一方面，因为这些事件昭示着我们天生就会骗人；另一方面，我们又佩服这些诡计所展现出来的创造力与智力。一直以来，这两种对立的感觉充斥于我们对说谎的态度中，**我们既内疚于自己竟然能够编造出这么多荒唐的故事，同时又对自己的创新能力赞叹不已**。虽然谎言让我们不安，但我们也知道某种性质的谎言有存在的必要性。16世纪的哲学家蒙田写道："说谎实在是一种应受诅咒的恶行。如果我们知晓说谎的可怕及严重性，我们将发现，说谎者比起犯其他罪行的人更应该处以火刑。"以奥古斯丁（Augustine）为首的神学家都认为说谎是滔天大罪，连伊曼努尔·康德（Immanuel Kant）也说，没有所谓的"白色谎言"，无论在什么情境下，都无法将说谎视为合理化行为。

另外一部分思想家则驳斥以上论调，认为人类能毫无欺瞒地生存下去，根本就不可实现。就像尼采所言："只有一个世界，这个世界虚伪、残酷、矛盾、充满诱惑力、无意义……这样的世界是真实的世界。为了战胜这样的现实和这样的'真理'，也就是说，为了生存，我们需要谎言。"同样的内容，奥斯卡·王尔德（Oscar Wilde）则用比较有趣的方式来表达，他说，因为真实生活单调乏味得让人难以忍受，说谎就是我们的逃生途径，但要小心的是，**说谎需要才能**。他还感叹说，"有如艺术、科学以及社会娱乐般的说谎逐渐消失。"康德和蒙田也许会同意《伊里亚特》（*Iliad*）的英雄阿基里斯（Achilles）所言："他这种心口不一的人让我就像讨厌死亡般地讨厌他。"然而在《奥德赛》（*Odyssey*）中，荷马（Homer）以阿基里斯作为对照，突显"杰出骗术大师"奥德赛在战争与爱情中熟练且傲然地施展欺骗。到头来，奥德赛反倒被公认为是充满人性魅力的英雄。

关于说谎的争辩从来没有停止过。从我们有了语言开始，它就是人类交头接耳、窃窃私语的一部分，它蕴含了几乎所有的事：我们自认是何种生物？什么样的人才算好人？别人究竟怎么谈论我们？能够确定的是，我们**说谎的能力是天生的，谎言自然而然就脱口而出**。文学评论家及人本主义哲学家乔治·斯坦纳（George Steiner）说："说谎的能力，是人类平衡意识和在社会生存发展中不可或缺的。"喜欢也好，讨厌也罢，我们都是天生的骗子。

说谎心理学：

为什么不说谎，我们就活不下去？

BORN LIARS

第二章　第一则谎言：

儿童如何学会说谎？

BORN LIARS

Why We Can't Live Without Deceit

所有教导读者“如何为人父母”的作者，都会要求家长对儿童说谎这一行为持警觉心态。除了察言观色外，要成为一位说谎高手，还要具备两大能力。其中之一是包括预先思考、运筹帷幄和推理等较高等的读心技巧，它被心理学家称为“执行功能”；另一项能力是创造性智力——一开始就能够想象当下情境的不同版本。即便是非常微小的谎言，也需要有想象力。

我们对意识的记忆，从我们第一次说谎开始。

——约瑟夫·布罗斯基（Joseph Brodsky）

夏绿蒂4岁大的儿子汤姆并不在乎是否在说实话，不论什么事出了差错，他都会把罪责推到1岁的妹妹艾拉身上，说起谎来毫不内疚。夏绿蒂在厨房听见客厅里发出了巨大声响，当她走进客厅时，看见立式台灯被推倒在地，而汤姆指着艾拉坚决地说，是艾拉在找她最喜欢的娃娃时弄倒了台灯，还要妈妈也参与到这场声讨中来。艾拉在客厅另一头漠然地面对这些混乱。如果不是夏绿蒂知道艾拉没有那么快爬离“犯罪现场”的本事，她可能真的会相信汤姆的说法。“他的说法那么让人信服，”她说，“说谎的技巧真让人吃惊。”

夏绿蒂应该为汤姆的说谎行为而忧心吗？在阅读许多儿童教养类的书籍后，也许你会回答“当然”。所有教导读者“如何为人父母”的作者，都会要求家长对儿童说谎这一行为持警觉心态，我随便从网上摘取了一则儿童教养指南就能发现这个倾向：

在我们考虑儿童为什么会说谎前，要知道说谎是许多严重问题的早期指标。患有社会行为疾病，尤其是注意力缺陷等多重障碍症或品行障碍症者，容易在年幼时出现强迫性说谎的现象。

以上内容的作者还会小心翼翼地区分正常、无害的谎言以及强迫性说谎。强迫性说谎是指儿童“频繁地、没有明显原因地”说谎，在这个基础上，夏绿蒂也许该担忧——毕竟，汤姆经常说谎，有时候的确没有明显的动机。但当我问她是否因为汤姆爱说谎而考虑带他去看医生时，她笑了：“他并不比大人坏啊！”

对于汤姆说谎的这件事，夏绿蒂宽容的态度很像下面这位作者：

……不一会儿，我看到（2岁又7.5个月大的）他从餐厅走出来，双眼发亮、举止怪异，结果我发现他拿了一些早就被警告过不许拿的碎糖块。因为从来不曾被惩罚过，他那奇怪的行径肯定不是源于恐惧，我认为那是一种“天人交战”的愉悦与刺激感。两个星期后，我看到他又从餐厅里走出来，双眼注视着他小心翼翼卷起来的围兜。因为他的行径太过怪异，我决定弄清楚他的围兜里有什么——即便他一再强调什么都没有，而且重复要求我“走开”，但此时他的围兜已经被里面的腌渍物的汤汁染了色，所以这是他精心策划的谎言。不过，一旦这个孩子得到正面的鼓励和肯定，并被慢慢教育，他就会很快变成一位值得信赖、坦诚、细心的人，就像大家所喜欢的孩子那样。

上面这段叙述是查尔斯·达尔文（Charles Darwin）在1877年出版的著作《一个婴孩的生活简史》（*A Biographical Sketch of an Infant*）中的一

篇短文。达尔文在写这篇文章时，已经年近70岁。他阅读了大量的法国自然主义学者希波吕忒·泰纳（Hippolyte Taine）关于儿童心智发展的记述，从而获得许多灵感，决定找出自己早年对长子威廉·伊拉斯谟·达尔文［William Erasmus Darwin，昵称为多迪（Doddy）］所做的一些笔记。身为人父的他眉飞色舞，对于儿子异常好奇，与他对自然界的好奇别无二致。当然，达尔文也是一位优秀的观察者，文章里充满各种温情的观察细节，比如多迪匆匆离开食物储藏柜，因为偷吃了糖而兴奋、双眼异常明亮时，达尔文并没有用道德说教的方式来指责多迪，也完全没有被多迪"小心计划的谎言"所激怒。

达尔文的论述被后来那些研究儿童心理发展的专家严重忽略了，直到20世纪后，才开始引起关注。不过，在20世纪结束前，也很少有人留意"孩子们什么时候开始说谎？""为什么说谎？"等问题。当人们讨论说谎时，通常都将它视为一种征兆——青少年犯罪的征兆。哪怕到了现代，很多家长也仍然这样认为，极少有父母能欣然接受自己的孩子是个善于说谎的人。但如果你发现3岁大的孩子会说谎，其实也不必太过焦虑。事实上，你也许应该庆贺孩子说了第一个谎言，就如同庆贺孩子开口说第一个字那样。

学习说谎

我们几乎从出生开始就有了说谎的能力——婴儿在学会使用语言之前，已经拥有非言语方式的伪装行为。朴次茅斯大学（University of Portsmouth）的维苏德薇·雷迪（Vasudevi Reddy）在研究年幼子女的父母时，发现幼儿的行为符合伯恩和怀特恩提出的欺骗行为的分类：戏弄、假装、隐瞒和分散注意力。小女婴不断伸出手，好像要妈妈抱她，但旋即又转身大笑；9个月大的婴儿会假笑，这是一种信号，表示她想要加入其他正在欢笑的团体；11个月大的婴儿被喂食时小心地看着妈妈，妈妈一转身，她立刻将面包吐掉。雷迪说，最简单的欺骗“似乎与最早的沟通同时发生”。

孩子们几乎是在学会说话的同时，就开始说谎了。在2~4岁间，这些谎言通常是利己的、单纯的，目的是为了避免被惩罚而隐瞒小过错，就像达尔文的儿子一样。同时，说谎的技巧也不高明。3岁大的儿童可能会在父亲目睹自己出手打了妹妹后，立刻说“我没有打她”；当父亲走进厨房，看见女儿站在椅子上，向放着巧克力的橱柜伸手，若问她为什么会站在椅子上时，她会说：“我要拿……”心理学家约瑟夫·佩尔奈（Josef Perner）记得他儿子雅各不想上床时，就会以曾经成功的借口——“我好累啊”为由，企图逃避上床睡觉，却没有意识到当下的这种说法适得其反。另外，**3岁以下的幼儿说谎，只是为了达到简单的目的，或只是为了保护自己，是本能的、不假思索的，几乎不运用策略的、且很快就会供认不讳的方式。**

然而到了4岁时，情况就有些不同了。

匹兹堡大学进行过一项调查，对象是父母和老师。其中有一个问题是讨论多大的孩子说谎是经过深思熟虑的，也就是说，几岁的儿童在说谎时是确实知道自己正在说谎的。答案的差异非常大。有些母亲认为自己5.5岁的孩子还不懂得撒谎（大家都同意儿童6岁时就会说谎）。不过大部分的父母都指出，他们的孩子在4岁前后就开始说谎，且技巧也日益增强。这些父母直觉的观察，被心理学家们用接二连三的研究证实了：**在3.5~4.5岁之间，儿童有更高的说谎兴趣和技巧**。如果4岁的小姑娘被抓到伸手拿巧克力，她可能会说自己站在椅子上是为了把玉米片放回原处。就算受到质疑，她还是会维持这样的说法，而且面不改色。

在蒙特利尔（Montreal）的麦吉尔大学（McGill University）任教的儿童心理学系助教维多利亚·塔尔瓦（Victoria Talwar）毕生都在观察儿童说谎的心理与表现。她对于儿童如何发展、何时发展是非观念非常感兴趣，尤其想研究儿童如何学习说谎。为了测试儿童说谎的倾向以及他们说谎的本事，塔尔瓦利用知名的“诱惑抗拒”范例进行实验——也就是传说中的“偷窥游戏”（Peeking Game）。

游戏是这样进行的：受试的孩子们在与塔尔瓦玩了几个游戏并建立关系后，被告知接下来要玩猜谜游戏。孩子们必须面对墙壁坐好，塔尔瓦在孩子们身后拿出一个玩具并且发出声音，要他们猜是哪种东西发出的声音。只要猜对3次，就可以拿到奖品。在几个简单的题目后（警车、哭泣的娃娃），就是障碍题了，塔尔瓦拿出一个没有声音的玩具，例如填充玩具猫，同时又打开一张音乐卡片。很显然，孩子们被这道题难倒了。在他们回答前，塔尔瓦故意说自己必须离开房间一会儿，同时警告孩子们在她离开时不能偷看。但孩子们几乎无法遵守这项指示，等房间的门关上几秒钟后就会转身偷看，也不知道自己的行径其实都被摄像头拍了下来。在塔尔瓦回到房间前，她会故意发出声音，让孩子们有足够的时间再次转身面对墙壁。当孩子们得意地给出正确答案时，塔尔瓦会追问他们有没有偷看。你猜，孩子们会说实话还是谎话？

一般来说，3岁大的孩子会立刻招认，4岁大的孩子则会否认，说自己并没有偷窥。而在6岁大的孩子当中，有95%的人会撒谎。这个实验结果可以应用到全世界3~5岁的孩子身上，无论他们是什么国籍的孩子。

所以，4岁孩子的心理到底发生了什么变化？根据塔尔瓦的说法，这不过是因为他们那时候可以真正掌握其他人也会说谎的事实。在将近1岁时，孩子们不但自己有欲望，还知道其他人也有，他们会采取行动去得到自己想要的东西。这些办法有些可以奏效，有些则不然。例如有研究发现，9个月大的婴儿会紧盯着自己想要的物品，然后对它微笑，以此获得大人的关注，让他们帮着去拿；不到两岁的学步期儿童则能够区分自己的欲望和结果——他们非常清楚只要靠着尖叫就可以获得自己想要的东西。两岁大的孩子开始意识到父母有情绪，而他们的所作所为可以影响这种情绪。所以，他们就会用破坏性的行为来检验这个有趣的发现，并不断挑战父母的底线。

但在人生最初的那几年，孩子们还没有、同时也没认识到“别人的意愿”。3岁的孩子认为巧克力在橱柜里，于是她就搬了椅子爬上去拿，但她并没有意识到这是她自己的意愿——也就是说，大人一开始并不一定能想到她之所以爬到椅子上去，是为了拿柜子里的巧克力，而3岁之前的孩子往往认为别人想的事情和自己想的事情一模一样。这就是为什么孩子们有时候会突然跑到你面前，跟你讨论一个你从未看过的动画片的细节。直到他们长到三四岁时，才知道原来别人有别人的想法。

在《白雪公主》中，邪恶的继母不断将自己伪装成纯朴的农妇，来迫害我们的女主角。在白雪公主为邪恶的皇后打开大门时，她对这个世界有了错误的信念——她相信自己开门迎接的是一位农妇，而不是她邪恶的母亲。4岁以上的孩子都知道真相，然而故事里的白雪公主并不知道。对于我们而言，这也正是这个故事的张力所在。然而，3岁以下的孩子并不喜欢《白雪公主》，因为他们认为白雪公主和我们大家一样，都知道农妇是皇后假扮的，所以他们不明白为什么白雪公主还要放她进屋去呢？

发展心理学家用比较正式的测验来发掘孩子探知别人观点的能力：莎莉－安妮错误信念测验（Sally-Anne False Belief Test）。莎莉有一只篮子和一枚弹珠，安妮有一个盒子。在莎莉离开前，安妮把弹珠放进了篮子里，等莎莉走后，安妮从莎莉的篮子中拿出弹珠，放进自己的盒子里。当莎莉回来时，她会在哪里找弹珠？成人都知道莎莉会先找自己的篮子，5岁大的儿童也这样判断——他们直接用手指向莎莉的篮子；但3岁孩子的猜测则刚好相反，他们会指向弹珠真正放置的地方，也就是安妮的盒子。他们不认为莎莉会对这个世界有错误的意念。**当你知道其他人也许和你有不一样的想法时，你才会想要欺骗他们；如果别人和你持有的信念相同，当然就没有说谎的必要了。**

3~4岁的孩子会学到心理学家所谓的“心智理论”（theory of mind），也就是所谓的“读心术”。读心术是每个人都有的能力，而且我们每天都在运用它，只是很少注意到。例如，我们打量登门的推销员，以决定是否该相信眼前的人时，或者我们揣测老板对自己绩效的评估等。看电影时，我们注意到女主角在离开前男友时，转身一瞥，我们的心里便下了结论：她还爱着他。我们察言观色的能力还会将人类的心智状况推演到动物和无生命的物体身上：我们会相信自己的狗有悔意、猜测太阳今天不愿现身是因为心情不佳、诅咒海洋残忍地掀起了海啸等。

只要知道丧失了察言观色的能力会有多糟糕，就知道读心术之于我们看待世界有多么重大的影响了。以下是心理学家艾莉森·戈波尼克（Alison Gopnik）的说法：

当我坐在餐桌旁，看到的景象是这样的：我的视野顶端是鼻子的模糊边缘，眼前是挥动着的爪子……我的周围有数个从椅子上垂挂下来的皮囊，塞在一件件的布料里，以一种不规律的方式摆动……接近皮囊顶端的黑点不停地来回转动，黑点下方有一个填满了食物的洞，那个洞还会发出噪音。想象一些嘈杂的皮囊突然朝你走过来，吵闹声变大，你不知道原因，也不知道该如何解释，或预期接下来它们会做什么。

戈波尼克从严重自闭症患者的立场出发，描述了这类人看到的景象——也就是丧失了读心术以后对世界的看法。自闭症患者或另一种功能较完善的旁支——亚斯伯格症候群（神经发展障碍的一种，可归类为自闭症其中一类。在外界一般被认为是“没有智能障碍的自闭症”）患者，很难像大多数正常人一样，在儿时就知道别人有自己的想法、感受和对现实的观点。结果，正常人就变成了可怕的说谎者。剑桥大学发展心理学教授西蒙·拜伦－科恩（Simon Baron-Cohen）是研究自闭症的权威，他最早发现无法运用读心术是自闭症患者最关键的认知缺陷。在攻读博士学位时，科恩利用“藏铜板”的游戏来检测自闭症儿童的症状。他坐在孩子对面，让孩子看到他的手上有一枚铜板，接着他又把手放到背后，然后再把手伸到孩子面前，要孩了猜他用哪只拳头握着铜板，然后与孩子交换角色。

对4岁以上的孩子来说，当骗子很简单，而且很有趣，但自闭症患童没办法享受这个游戏。他们会在科恩面前把铜板换到另外一只手上，或是打开没握铜板的那只手，要科恩来猜铜板在哪里，这是因为他们无法持续追踪别人在想什么才会犯下如此简单的错误。如果有人想让他们去相信真相的话，仅仅是思考这件事，就能让他们的脑子陷入混乱之中。

这样的天真可能会使这些孩子成为无辜的受害者。在与对方不熟识的情况下，自闭症患者也可能犯下一些礼仪上的错误：自闭症患者可能告诉你，你穿的T恤难看极了。他并不是有意得罪你，科恩说，他只是说了实话而已——而且他根本想象不出别人会使用其他的方法。虽然年龄的增长可以让他们学会察言观色，但自闭症患者拥有非常不同的生活观。科恩的一位患有亚斯伯格症的研究生问他："我刚刚才发现人会口是心非，那你是怎么信任他们所说的话的呢？"正如科恩所言，这个迟来的发现，是普通4岁孩子在游戏之中都能学到的事。

当然，**所有察言观色的能力都有缺陷，这也是谎言能成功的最重要的原因**。没有人真正分析过行为背后的原因，或对他人有真正深入的剖析与了解。身为人类，我们最多只能试图构建一些"他在想……"的自以为很全面的观念，所以我们极易犯错。人生有许多荒唐的喜剧正是因为我们误解了别人的想法，在简·奥斯汀（Jane Austen）的《爱玛》（*Emma*）一书中，女主角爱玛误将男主角艾尔顿的示好当成他爱上了她的朋友哈丽埃特，但其实艾尔顿喜欢的人是爱玛。这样的错误也可能造成悲剧：李尔王（King Lear）无法辨别小女儿考狄利娅（Cordelia）口口声声的爱的背后有多少真心实意，也无法知道他的另外两个女儿献上的礼物背后有多少算计。这些误解充斥于生活之中，正如菲利普·罗斯

（Philip Roth，美国作家）说的："事实就是这样，人生的有趣之处不在于让关系恢复正常，而是在于误解。误解之后又误解、再误解，小心仔细想过后，还是误解。"

虽然没有人能够100%地察觉别人的心思，但某些人解读他人心思的能力却比其他人强，而**读心能力越强的人，说起谎来就越高明**。夏绿蒂的儿子汤姆看见她走进客厅，知道妈妈一定会认为是他打翻了台灯，于是在心底进行了一场博弈，把错误推给妹妹也许会改变妈妈的看法；如果你想让我认为你就是罗马尼亚的玛丽皇后，你就得先知道，我大概是怎么看待玛丽皇后的；如果一个15岁的少女想要让父母相信她没有学坏，那她就必须非常清楚如何才能让父母安心。某个无法猜测出别人在想什么的人如果说谎的话，大概就可以被归类为"差劲的说谎者"，而**善于说谎的人通常都善于察言观色**。想想《奥赛罗》（*Othello*）里的伊阿古（Iago），曾微妙地引起奥赛罗的怒火，让奥赛罗误以为自己妻子不忠，愤而将她掐死；或者想想克林顿，他同时作为高明的说谎者和深具同理心的政客而出名。

除了察言观色外，要成为一位说谎高手，还需具备两大能力。其中之一是包括预先思考、运筹帷幄和推理等较高等的读心技巧，它被心理学家称为"**执行功能**"［"执行（executive）"一词在心理学中有特别的含义，是指让儿童长大、享受成功的事业、运作一个庞大的机构组织或解决复杂工程问题的能力］。4岁的孩子在说谎时，必须同时运作不同的心理程序：首先建立目标，想方设法地让谎言达到目标；然后执行策略，同时注意不要在面部表情或言辞上"露馅儿"——也就是说，不要看起来很奇怪或是在错误的时间点上说出错误的话。因此，"**执行功**

能”是一项对智力、身体、情绪进行综合自控的心理能力。

另一项能力是创造性智力——一开始就能够想象当下情境的不同版本。即便是非常微小的谎言，也需要有想象力。汤姆必须能够看到艾拉爬过房间、推倒台灯的可能性，即便她自始至终都坐在沙发另一头。在“偷窥游戏”中，在被塔尔瓦质疑时，智力发展越精细的儿童，越有本事想出答案。塔尔瓦回忆一个加拿大男孩儿试图使他的猜测合理化：“藏在你身后的玩具是一个填充的足球，因为电子卡片的碾轧声，很像足球在体育馆里滚动时发出的声音。”这就是一种了不起的横向思考。

总之，说谎并不容易。要想说谎，必须先要认清事实，同时还要考虑另一个版本，然后想方设法来说服别人——在头脑里面算计别人可能会怎么想、有什么感觉。想想看，4岁大的儿童就能够计划得这么完美，真是一件奇妙的事！因此，如果你发现你那3岁大的宝宝已经开始说谎了，不妨先好好赞叹一下吧！

学习不要说谎

当然，你可以佩服一个3岁儿童的说谎技巧，但请不要庆幸他拥有这样的能力。儿童说谎的次数会在4岁时一路攀升，因为他开始练习这项迷人的新能力。大概直到入学后一年内，当孩子们接收到越来越多塔尔瓦所谓的“社会回馈”信息之后，说谎的情况通常会有所好转。在教室和游戏厅中，孩子们会了解到说谎背后的沉重代价。他们发现如果经常说谎，老师和同学们会不再信任自己，自己就会变得不受欢迎。

这一点非常重要，对于成人来说也同样适用。在大部分情况下，说实话都是有用的——这对我们这种互动密集的社会动物而言，是基本的提示与预警。正如亚伯拉罕·林肯（Abraham Lincoln）所说，你永远无法成功地长期欺骗所有人。17世纪的英国思想家及散文作家托马斯·布朗爵士（Sir Thomas Browne）对于实话和谎言，有一段既是对比又是互补于马基雅维利的论述：

> 真相的帝国如此雄伟，它的地址在地狱之墙内，魔鬼每天都被迫练习说真话……只要知道所有的社群都因为真相而运转，那么地狱也缺它（真相）不可。

意大利人试图提醒我们，欺骗是永远存在的，因此统治者有时也要说谎。但布朗显然不这么认为，真相事实上是如此有力，这不是一件非常特别的事吗？即使魔鬼聚在一起时，也要依赖真相，因为“所有的社群都因为真相而运转”。布朗颠覆性地指出，我们对谎言的厌恶并不是来自上帝赋予的道德感，而是我们天生就支持真相。换个角度来说，即使有人撒了谎，也不能断定他就是魔鬼。**我们说实话，是因为实话对我们有利，正如若说谎比较有利的话，我们也会选择说谎。**

不论在学校或是家里，大多数儿童本能地实践着“布朗法则”，但少数儿童仍然会持续性说谎，这可能是因为他们的心理出现问题，如果到了少年时期还在持续地撒谎，通常是内心非常不安的表现：发泄沮丧、企图赢得关注等。“说谎是一种征兆。”塔尔瓦这样说。例如，在父母离婚的过程中，儿童经常会利用谎言来实现对某些状况的控制，否则会觉得无助。

美国欧伯林大学（Oberlin University）的南希·达林（Nancy Darling）博士是研究少年儿童道德发展的专家，她认为说谎是一种“自我增长的活动”，一个谎言会促生更多的谎言——如果一个谎言可以让儿童走出困境，他可能会再度尝试，用更多的谎言去维持第一个谎言。我们都知道，**谎言的力量有多么强大：一旦说了一个谎言，另外一个谎言经常是势在必行的**。当你深陷谎言中，继续说谎似乎比推翻所有的谎言要容易些；不知不觉中，你只能靠说谎来免于麻烦。如果一名儿童对自己的认知都离不开谎言，就很难让他不说谎。8岁是能否告别说谎的分水岭，多伦多大学儿童研究机构主任李强（Kang Lee）这样认为。如果在7岁后，儿童仍然持续性地说谎，那么他很可能还会再说上好几年，甚至到成人阶段还是如此，因为他早就上瘾了。

越早让儿童知道“说谎会导致自我毁灭”的效果就越好。问题是儿童如何学习不要说谎？这个问题和如何学会说谎一样有趣，也同样具有争议性。我们应该对儿童进行严格的道德教育，可是对他们说谎要加以严惩吗？或是该让儿童慢慢戒除说谎的习惯？

2009年，塔尔瓦在全球各地研究儿童道德行为的发展。在拜访过中国和泰国后，她被一位朋友推荐到西非的一所幼儿园，我们姑且称之为A园。A园采用我们所熟悉的英国或加拿大式的教育方法，严格而合理。如果学生有不良行为，会被口头训诫、取消特权或留园察看，完全不会被体罚。

塔尔瓦同时也参访了附近的另一所幼儿园，我们称之为B园。B园的教育方法和A园南辕北辙，管教的方式极为严苛，严格遵守该国在20世纪前叶由其殖民主法国所建立的传统。学生必须遵守非常苛刻的行为规章，逾矩者将受到严厉的处罚，而且方式非常暴烈，就连在课堂上答错题，都有可能会被掌掴。这个学校还有一位特殊的老师，塔尔瓦私底下帮他取了个外号：执法者。他的任务是每天巡视教室两次，向老师询问有没有行为不检的学生。这些被老师点名的学生会被带到幼儿园的后院，当着众多学生的面挨棍棒揍。所谓的行为不检包括没做功课、忘带铅笔等，其中最糟糕的就是说谎。

这两所幼儿园的距离只有几英里，学生的社会背景也都相当，但是却接受了完全不同的教育方式。换句话说，要研究不同的道德法规如何影响欺骗行为，这正是近乎完美的场所。两所幼儿园都很欢迎塔尔瓦在校内进行实验，而且他们都对己校学生的道德素质非常有自信。B园的老师对自己的教育方式一点儿也不羞愧，他们甚至还贬损A园的教育方法过于放纵。他们十分坚信，自己的教育方式才是培养诚实儿童的最可靠途径。

塔尔瓦跟最常合作的伙伴李强一起，从这两所幼儿园里找出了3岁和6岁的两群儿童进行面谈，同时让他们进行偷窥游戏，先拿出比较简单的玩具，再拿出发音不明的玩具。当她回到饭店播放实验录影时，得出了重要的结论：B园学生的谎言有非常高的一致性，而且他们对自己谎言的坚持程度超过塔尔瓦曾经面试过的所有儿童。

为了确证自己的研究发现，塔尔瓦第二天再度回到了这两所幼儿园，又进行了更多的测试。当她分析这些结果时，她震惊地发现B园学生等候转头偷看的时间很不一样。大多数进行偷窥游戏的学生不到10秒钟就会作弊，A园的学生也不例外；但B学校的学生等了更长的时间（最长的是1分钟）才回头偷看。或许B园的老师会对这样的结果感到骄傲，这是他们的学生纪律更严明的表现，但接下来他们恐怕也会因为塔尔瓦更惊人的发现而沮丧：无论年龄大小，B园里接受调查的、所有的孩子都出于本能立刻说谎。不仅如此，他们还非常擅长说谎。

不论偷窥游戏在哪里举行，年幼的孩子都会立刻承认自己说谎，或勉强说些借口来支撑自己的谎言，比如，当塔尔瓦追问："好，那你怎么知道这是足球？"3岁大的孩子通常会回答："因为我看到了它。"说好一个谎言的前提，是身体、情绪和心理都必须经过相当的磨炼，才能成功实现。孩子必须控制自己的表达方式和身体语言，不能够让自己笑出来、目光闪烁或看起来焦虑畏缩——这些都会让他功亏一篑。你肯定知道，这些技巧会随着年龄的增长而得以强化，3岁大的孩子会编乱了自己的故事，或是因自己撒谎而发笑；四五岁的孩子则相对有能力编出可信度较高的故事，并且在说谎时面不改色。这个模式反映在A园的学生身上。

然而，B园的学生全都是技高一筹的说谎高手。3~6岁的孩子，他们都坚决否认自己偷窥过，而且在被质疑时也展现出充分的自信去维护自己的故事。较大一点儿的孩子们第一次还会故意猜错，好让研究者误以为他们是利用直觉和剔除法摸索得出的答案。"我觉得它的声音听起来有点儿像手机。但我知道你在学校里面不能带手机，所以我想那应该是别的什么东西……也许是动物……"要知道，如此熟练、精巧的表现，需要非常多的心理常识、创意思考和戏剧天分。

在20世纪90年代初期，塔尔瓦在圣安德鲁大学就读时，她的导师正是怀特恩。她从怀特恩和伯恩的研究中得知，作为社会性动物，说谎是不可避免的，而且孩子们也会发现，说谎的策略是他们适应社会环境的最好帮手。怀特恩和伯恩观察到，低等黑猩猩最容易采用战术性的欺骗，而哲学家西塞拉·伯克（Sisella Bok）也推测，孩子之所以将说谎发展成了行为习惯，是想以此来对抗体力和社会力量远远超过他们的成年人，也就是说，说谎是孩子保护自己的最后防线。“弱者无法秀出真心。”弗朗索瓦德·拉罗什富科（François de La Rochefoucauld）曾经这么说过。由于说谎会被老师和家长处罚，这将迫使孩子们的自卫心理变得更强——这是我们不想要的结果。

对A园的学生来说，他们大多时候说实话、偶尔才说谎话，这是有道理的。他们知道自己如果说谎被逮到，可能会受到处罚，但也不会太严重。然而，B园的学生已经适应塔尔瓦所谓的在“惩罚的环境”下的生活，自我防卫已然成为他们的最高原则。虽然说谎会让他们挨揍，但说了实话也不见得就能躲开体罚，不如赌上一把——哪怕3岁的小孩都这样想，就像塔尔瓦所说：“如果小错都会招来重罚，你可能就会放手一搏。”

B园试图以严格有效的教育方式将良好的道德习惯灌输给儿童，但塔尔瓦的研究指出，这样的制度不但没能让B园的学生诚实，反而会培养出技巧高超的说谎小惯犯。

学会判断何时说谎

从父母对说谎的态度上，孩子们能接收到非常复杂的信息。一方面，他们教导子女撒谎不好；但另一方面，他们又警告孩子，绝对不能告诉奶奶自己从来没有戴过她送的那条围巾。孩子们注意到，当他们在特定的情况下说谎时，父母会称赞他们，并且迁就他们的谎言。身为观察力敏锐的生物，他们也注意到，父母会对别人说谎，不论是对电话推销员还是在回答朋友提出的尴尬问题时。当他们长大后，他们试图理解这样的观念：说谎是不好的，但它也是必要的。塔尔瓦的另外一个实验，是让孩子收到一份看起来像是玩具的礼物，但打开后才发现只是一盒香皂。绝大多数7岁的孩子打开礼物时，都直接露出不愉快的表情；但到了11岁，大概有一半的孩子会很有说服力地撒谎道，他们很喜欢这份礼物。①

达林研究青少年的社会生活长达20年，她研究的国家包括智利、菲律宾、意大利和美国。在每一个国家中，几乎所有的青少年在面谈时都承认，他们在家里会说谎。他们的谎言多半都集中在某些问题上：情爱关系、喝酒、交友对象、社交场所等。同时，大多数的青少年都宣称，他们很看重“诚实”这个特质，也都会自夸地说他们和父母的关系十分平等。只有在研究者询问一些细节时，他们不诚实的真相才会被揭露，而他们居然也只有到那时候才会意识到自己的不诚实。“他们非常惊讶，”达林说，“他们不喜欢把自己看成是会说谎的人。”

青少年就像成年人一样，对说谎的态度很复杂。一方面，他们会为了与自己有直接利益关系的事而说谎——出于避免受罚、在父母面前维持良好形象等原因；但另一方面，他们又会用说谎来保护父母，因为他们认为完全没有必要让真相困扰父母。在这类谎言中，父母也会成为“共犯”，对于自己不想了解太多的部分，就很有默契地不向孩子们发问。达林回想起自己的处于青少年期的儿子时说道：“他不会在他的性

① 塔尔瓦说，儿童说谎的创意让人佩服。在这个实验中，孩子们的说法从“太好了，我爸爸正打算买肥皂”到“我收集肥皂”等不一而足。长大后需要学习的课题，已经不同于儿童时期的“不要说谎”，而是变成了“何时该说谎”。

生活问题上欺骗我，因为我根本就没有开口问过他。”

在学校就跟在家里一样，在某些情境中说谎是比较好的选择。例如，被贴上“告密者”或“卧底”的标签，就会背上众所周知的“罪名”。当孩子试着平衡来自老师、家长和同学间的冲突时，会让他陷入不安。一项源自1969年在美国高中进行的经典实验说明了，**在某些情境下决定是否要说谎，牵涉到精巧的社会计算**。在历史课上，老师因为要去接一通重要的电话而离开教室，一名学生从自己的座位上起身，走到讲台边，把老师留在桌上的钱全部拿光了。“我很了不起吧？”他用得意的口吻向同学们炫耀，然后回到自己的座位上。而其他的学生并不知道，这位行窃的学生其实是实验者的同谋。

这个剧情在不同的教室里上演两次，由不同的学生扮演小偷。其中一位被选上的男学生非常优秀，如果推选学校的代言人，他一定会榜上有名，是“地位高”的学生；在另外一个场景中，则是由被同学认为最没有价值的、“地位低”的学生扮演小偷。在两个“意外事件”结束后，两个班级的学生都单独或两人一组，被心理学家问了3个问题：“今天是否有人从老师的讲台上拿走了钱？你知道是谁拿的吗？如果知道，请告诉我那个人是谁。”无论扮演小偷的学生的地位高低，所有被单独问话的学生都说了实话；但如果两人一组的学生和心理学家面谈，情况就不一样了。假如小偷是地位高的那个学生时，就不会有人说实话，大家一致地否认自己知道钱被偷的事儿；当小偷是地位低的那个学生时，大家就会说实话，而且指认出他来。学生有诚实的本能，但为了避免背叛班上最受欢迎的学生，他们为说谎做好了准备。**大多数的孩子不会养成说谎的习惯，不仅是因为他们知道说谎是不对的，而且还因为他们懂得了何时该诚实、何时该**

说谎这种不可言传的社会规则。父母能够帮助孩子学习这些规则，但前提是孩子觉得自己被信任。**大多数孩子会说谎，都是为了避免丢脸或免于受罚，而不是为了操控别人，过于激烈地惩罚这些规避性的说谎行为，会让孩子陷入不诚实的怪圈。**“如果你走进房间，发现5岁的孩子把牛奶洒得到处都是，然后问他‘是你闯的祸吗？’这正是在引诱孩子说谎。”达林说，“如果你说‘哦，你弄洒了牛奶，没关系，我们一起来清理干净吧！’如此，孩子是大都不会说谎的。如果他还是说了谎，你最好一笑了之，但清楚地表明你知道他在说谎。没必要因为孩子说谎，就责备他‘你是个坏小孩’。”如果孩子认为自己总是会被攻击，他就会建立一种保护性的盔甲，用谎言来面对周遭环境。当孩子生活在“说谎就会受到重罚”的威胁之下，只会成为拥有更高手段的骗子了。

有些人会说，父母最好的策略就是在孩子说谎时不动声色，等孩子长大了自然就不会再说谎了。但达林认为，这种做法反而是在误导孩子：反正说了谎也没关系，就可以说更多谎言。不知不觉中，他们就不知道什么时候该停止说谎了。达林认为最称职的父母是温和而严格的。她回想自己还是个孩子的时候，她的父亲告诉她，光是闻她的手肘，他就知道她有没有说谎。“过了很多年以后，我才知道他说的不是真的。”她笑着说。现在，她非常感谢父亲的睿智：他发明了一个看起来很客观的测验（它本身就是个善意的谎言），去侦测她有没有说谎。这个方法允许达林有违规的行为，但又不至于质疑她的道德品质，也不以惩罚来威胁她。

塔尔瓦有另一个版本的偷窥游戏：把参加测试的孩子们分成两组，在游戏开始前，研究者先跟两组的孩子们分别说一则小故事，其中一组的故事是《放羊的孩子》，因为男孩不断说谎，所以他和羊群都被吃掉了；另一组的故事是《乔治·华盛顿和樱桃树》，在这个故事中，年轻时的华盛顿承认自己用新买的斧头砍掉了樱桃树，故事结尾是他爸爸说的一段话："乔治，虽然你把树砍倒了，但我还是很高兴，因为你没有撒谎，而是说了实话，这比拥有上千棵樱桃树还让我高兴。"塔尔瓦想知道，这些故事在后续的游戏中，对孩子们说谎的意愿有没有影响。如果有，哪个故事比较有效？很多人认为《放羊的孩子》比较有效，因为这个故事表达出来的意思是"说谎将使你面临可怕的惩罚"。然而事实上，听到这个故事的孩子们比起一般孩子们更容易说谎。相反，华盛顿的故事较能够激发孩子们向诚实行为看齐的意愿——即使把华盛顿换成其他默默无闻的名字，以消除第一位美国总统的声誉对孩子们的潜在影响，结果仍然一致。根据塔尔瓦的研究，**故事的力量在于教导孩子们享受诚实的愉悦感，而不是向他们灌输谎言被揭穿的可怖性。**

达林、塔尔瓦和其他研究者建议，**培养诚实可信的孩子，最可靠的方法就是相信他们，使他们本性中最好的那部分发挥作用，而不是企图根除他们最糟糕的部分**——简单地说，就是为孩子创造一个"诚实为美"的环境。

即使达尔文身处非常严格，而且充满惩罚性道德指导的年代，他却很早就写下了相同的结论：

> 一旦这个孩子得到正面的鼓励和肯定，并被慢慢教育，他就会很快变成一位值得信赖、坦诚、细心的人，就像大家所喜欢的孩子那样。

说谎心理学：

为什么不说谎，我们就活不下去？

BORN LIARS

第三章　虚构症患者：
骗子、艺术家和疯子

演员、剧作家和小说家并不是在说谎，因为规则是大家预先就知道的：你来戏院，看我们如何高明地欺骗你。就像白兰度和其他人观察到的，说故事的艺术手法和说谎其实非常相似：两者都捏造了一些情节，并要求观众或听众相信他们。心路历程非常接近。

作家天生就说不了实话，因此我们说，他们只能写虚构小说。

——威廉·福克纳（William Faulkner）

2004年，英国天空卫星广播公司（British Sky Broadcasting，以下简称“天空”）控告了它的供应商电子数据系统公司（Electronic Data Systems，以下简称“EDS”），因为这家公司在一个IT计划的时间与费用方面欺骗了自己，天空要求对方支付数亿英镑的赔偿金。产业观察者都认为，天空应该不存在什么胜算的可能，因为这类案例从未胜诉过，要证明EDS是欺诈而非只是双方的误解，这非常困难。

审判进行到第三十七天，在面对天空的律师马克·霍华德（Mark Howard）的质疑时，EDS执行官乔·盖洛威（Joe Galloway）是否诚实正直成了最重要的争论点。霍华德不再纠结于那些复杂的指控内容，而是直接质问盖洛威是否取得了美国维尔京群岛肯高迪亚大学的（Concordia College）商业管理硕士学位（这是盖洛威在证词中提到的）。对此质疑，盖洛威说自己当时需要一点儿自我激励，就去了圣约翰那个美丽的岛屿；在就读肯高迪亚大学期间，他在前得州雇主的要求下，监督位于圣约翰岛上的可口可乐的供应商，这使得他必须经常在岛屿间飞来飞去，乘坐的是“小型的4~6人座的通勤飞机”；他还表示自己非常熟悉圣约翰岛上三座主要的大学建筑，而且肯高迪亚大学夜间部的课程十分严格，这使得他经常得花三四个小时在校园内自习；他甚至承诺下次出庭时会带相关教科书来——再次开庭时，他真的带来了。

在做证时，盖洛威谈吐自信而流利，一副胜券在握的姿态。好像他已经看透了这个审判，甚至有点儿享受这个过程。不论是不知情的人，还是消息最灵通的人，都不会认为盖洛威所言是他自己编造的。

※ ※ ※

神经病学家安东尼奥·达马西奥（Antonio R Damasio）在其1985年出版的著作中，提到一位中年妇女的故事。这位妇女在一连串中风之后，因为脑部受损出现了许多症状，但她仍然拥有部分认知能力，包括连贯的语言能力等，只是她说话的内容变得真假难辨。为了测试她对当时事件的认知，达马西奥问她关于福克兰战役［1982年在阿根廷和英国之间就马尔维纳斯群岛（英称福克兰群岛）、南佐治亚以及南桑德威治群岛所属问题争端而引发的战争］的事。她说，她曾经在那里度过了美好的假期，还和她的丈夫在福克兰岛上漫步，并在商店里买了些当地特有的装饰品。问她在那个岛屿上使用哪种语言，她说：“当然是福克兰话啊，要不然呢？”（但实际上马尔维纳斯群岛的官方语言是英语）。

在精神病学的术语中，这位妇女患了“虚构症”。慢性虚构症是一种罕见的记忆问题，只有少数脑部受损的患者会罹患这种疾病。在理论上，它被定义为“捏造、扭曲或误解了关于自己或世界的记忆，且不觉得自己在说谎”。相比失忆者犯下“省略”的错误（他们无法填补记忆中的缺漏），虚构症患者犯的错却是“伪造”：他们不是遗忘，而是编造。

虚构症患者几乎对自己的状况一无所知，他们会认真地用一些荒谬又不具说服效果的话语来描述自己——像是他们为什么待在医院里，或为什么他们需要看医生。某些患者还会为自己编造职业，或者在谈话时，假装自己正在工作。某位患者被问及身上的手术刀疤时，他说在第二次世界大战时，他突袭了一位少女，结果被她朝头上开了三枪，把自己打死了，不过后来手术又让他起死回生。该患者被问到家人的去向时，他说他们纷纷死在自己的怀抱里或者在他面前被杀。其他患者的故事更奇特，像是到月球旅游，在印度和亚历山大大帝打架或者亲眼看见耶稣被钉在十字架上。虚构症患者并不是在说谎，他们只是陷入神经心理学家莫里斯·莫斯科维奇（Morris Moscovitch）所谓的“诚实的谎言”中。因为心里的不确定感，而且隐隐地因为这种不确定性而苦恼，致使他们被“讲述的强迫冲动”所支配，执着地要去塑造、排序或解释他们并不了解的东西。慢性虚构症患者通常是脑前叶尤其是专门负责自我协调和自我审查的部位受损。听到一个问题，或者只是一个字，就能够启动患者一整组的联想。当然，一般人也会有这样的状况——听到“疤痕”这个词，你可能会想到战争中受伤、老电影或濒死经验的传说，但你不会让这些随机的想法进入意识——就算会，你也不可能说出口。你会反省、核查一些事实（你从未参与过第二次世界大战）和常识（你不可能死而复生）的恰当性。慢性虚构症患者却完全不经过这些过程，他们随机地将真实的记忆和毫无根据的愿望及意图凑在一起，然后组成一个无厘头的故事。

更重要的是，慢性虚构症患者让我们反思了正常人的心智状态，同时，也显露出了心灵的创造力。我们也许都可以是天生的寓言家，虚构症则不断将我们的经验及想象组合成故事，以期有朝一日能挣脱那条把我们拴在现实上的锁链。大多数时候，我们运用我们的大脑中枢，控制我们对听众说出口的故事，以及希望听众相信的事。然而，运作控制的程度则要视我们的个性以及时间点而定。

※ ※ ※

霍华德可能非常惊讶盖洛威即兴演说的长度和细节，但他十分乐意让盖洛威继续说下去，因为他知道，盖洛威在说谎。天空的律师团在全方位侦查盖洛威的背景时，发现圣约翰岛上根本没有肯高迪亚大学，而且也没有可口可乐的办公室或工厂，同时，那里也没有飞机场，因此根本不可能搭飞机去。盖洛威带到法庭的教科书，上面的条码和印戳都表明它是密苏里图书馆的藏书，那个图书馆在盖洛威家附近。在盖洛威上庭做证后没几天，霍华德呈给法官一张MBA的证书——是“肯高迪亚大学”授予其爱犬雪纳瑞露露的证书。霍华德还指出，露露比乔·盖洛威还高一个等级，他甚至展示了一张“肯高迪亚大学校长”和“副校长”帮露露写的推荐信。

或许乔·盖洛威最异乎寻常的，是他的谎言多此一举。一旦霍华德开始询问盖洛威的MBA学位，对盖洛威最有利的战术就是坦白它的来源，因为只要稍微想一想就可以明白，在这样的情况下，他的每一句证词都会被用放大镜来检验。或者，他可以宣称自己不记得了，来回避律师的质问。然而，他继续回忆他在圣约翰岛上的细节，甚至说出了更多琐碎的事。盖洛威展示了说谎专家所谓的“欺骗的喜悦”——当然，他在欺骗上获得的喜悦远远比不上任由想象力奔驰的快感。

法官在解释他为何决定让天空赢得诉讼时表示，盖洛威在学位一事上说谎的轻松和自信，已经摧毁了他作为一名证人的诚信，这也显示出他在做生意时有欺骗的倾向。法官说，盖洛威展现出一种“惊人的撒谎能力”，EDS被判付给天空两亿英镑。

※ ※ ※

在电影《非常嫌疑犯》（*The Usual Suspects*）中，警探们拼命地搜寻神秘的凯撒·苏尔（Keyser Soze）——一名残暴又聪明的罪犯，这家伙在黑社会中有着神一般的影响力。虽然他的罪行众多，但几乎没有人知道他是谁，也没有人了解他的过去，更别提谁曾亲眼见过他了——因为那些见过他的人，都已经惨死。所以，在整个调查过程中，警探们只能依靠跛子罗杰·金特（Roger Kint）这个骗子的证词，让他说出他知道的苏尔的故事，用以交换其刑责豁免权。

罗杰描述他和一群罪犯如何被苏尔勒索，以及苏尔的律师小林（Kobayashi）如何摧毁了苏尔对手的大宗毒品交易，在这个过程中，除了罗杰和另一名男子外，其他人都被杀了。罗杰还告诉警探们，苏尔出生于土耳其街头，一开始只是一名毒品贩子，但在匈牙利黑手党杀了他的孩子后，他发愤报复，并成了一名相貌神秘、一人当关的无惧勇夫。罗杰的证词将警探们引领到一名叫作迪安·基顿（Dean Keaton）的警察身上，显然，迪安就是苏尔。

然而，这部电影出乎意料的结局是，凯撒·苏尔正是罗杰本人。罗杰的故事只是一则精致的谎言，是他信手拈来的伎俩，线索来自他当时身处的环境，甚至包括警察局办公墙的公布栏里张贴的资讯。当一位警探偶然留意到这些公告时，发现公告中一些随机的字词和片段就出现在罗杰刚刚交代的案情中，这个发现让他怒不可遏，他摔掉了罗杰在审讯时啜饮的咖啡杯，咖啡杯的底部赫然印着商标“小林”。

正如罗杰那再恰当不过的绰号“言说”（Verbal），虚构症患者会随手用身边的线索编造故事。就像那名提及自己在福克兰岛度假的女士一样，她的故事在一瞬间就可以完成，只要有人问一个问题，或说一个特殊的字，他们就被“打开”了。如同爵士萨克斯风乐手可以随时接招一样，一旦钢琴师给他一段旋律，他就可以即兴独奏。虚构症患者可能会跟来访的朋友说，自己在医院里是因为他是医院的精神科医生，站在他身边的人（真正的医生）是他的助手，他们正要一起去诊断一位病人。慢性虚构症患者更善于在言辞上进行创新，他们会把一些自相矛盾的话用一种无意义的、暗示的方式来表达，例如一位患者被问到法国玛丽王后怎么了时，他回答道，她被她的家人“自杀”了。这些患者很像亨利·詹姆斯（Henry James，19世纪美国继霍桑、麦尔维尔之后最伟大的小说家）描述的小说家：“他们不放过任何一个想法，且非常珍惜所有的素材。”

“言说”罗杰和福克兰妇女都在运用创造性的想象力。在哲学家大卫·休谟（David Hume）的著作《人性论》（*A Treatise on Human Nature*）中提到：

塑造怪兽，需加入不协调的形状和外貌，这种想象力的成本并不比构建最自然、最熟悉的事物高……虽然我们的思绪似乎拥有无限的自由，但在更进一步的观察后我们将发现，它真正的空间有限。所有心灵创造力的总和，不会大于将我们的感官与经验材料进行合成、转置、放大与减少等作业之后的总和。当我们想象金山，我们只是把过去熟悉的金子与山两种已经固定的观念组合起来而已……总而言之，想象力的材料来自我们对内与对外的感知，对这些感觉的搅拌与组合，纯粹是心灵与意志的工作。

威廉·詹姆斯（亨利·詹姆斯的哥哥）说，这种能力是能够让发散性的思考变成小说的关键。所谓"发散性思考"，是指一种思考的模式，而"不可预期"似乎是它唯一的准则。当我问作家威尔·塞尔夫（Will Self）的创造性历程时，他也引用了这个主题，说创造性心灵就像是一种连续的意愿，可以拾取世界的层面、思想的层面，然后将它们和其他东西放在一起，产生并存的、连续性的现象。在《没有回家的路向》（*No Direction Home*）这部纪录片中，马丁·斯科塞斯（Martin Scorsese）记录了鲍勃·迪伦（Bob Dylan，美国民谣歌手、音乐家，被称为乐坛"活化石"）早期音乐生涯的故事，让我们可以窥见虚构症患者的心路历程。在1966年，穿着蓝色麂皮外套、条纹裤子、戴着雷朋太阳眼镜的迪伦站在伦敦肯辛顿的街角，这是他第一次来到英国，玩兴正盛。他路过宠物店，店前写着三个标语，明显地指出店内兼卖烟草。他把标语大声地念了出来：

我们代管、修剪、清洗并归还你的狗

兼卖香烟和烟草

还是动物和鸟类买卖中介

迪伦用这些字作为素材，创作出带有童谣与垮掉派诗风（Beat poetry）的即兴重复段。他一边跳舞，一边在空中挥舞着他的香烟，为自己的新作品咯咯大笑，他创作的速度比我们大多数人想到的还要快：

我想要一只狗，它会收拾我的浴缸、归还我的香烟，把烟草交给我的动物再给我的鸟佣金。

我想找个地方帮我的鸟洗澡，买我的狗，收拢我的弹匣、卖了我的香烟还定做了我的浴缸。

我想找个地方，可以把我的灵魂变成动物，修剪我的归途，洗涤我的脚，代管我的狗。

这个小插曲让我们感兴趣的部分原因在于，它清楚地显示即兴创造力的一个关键行动：将熟悉或平凡的元素与潮流混搭，以产生新的事物，例如顺口溜。而事实上，这也是许多艺术的开端——虚构组合的力量。迪伦的创造力经常与说谎有关，尤其是涉及他自己的传记。他刚开始在纽约崭露头角时曾经告诉记者，他来自新墨西哥州的盖洛普（Gallup），并且住过艾奥瓦州、南达科他州、北达科他州和堪萨斯州，而他的吉他技艺，则是师承蓝调歌手阿弗拉·格雷（Arvella Gray）及曼斯·利普斯科姆（Mance Lipscomb）。但事实上，当时的他只住过明尼苏达州和纽约，也没有遇见过格雷或利普斯科姆。这类的故事，正是虚构症患者阐述的故事：混杂了真相、幻想和希望实现的愿望。差别只在于，迪伦想必也知道自己在说谎。

※ ※ ※

在1966年一个非常著名的诽谤案中，英国前内阁部长乔纳森·艾特肯（Jonathan Aitken）在法庭上说了一个故事，描述了自己被一家全国性报纸诽谤后所承受的恐惧。他说某天早上，他和10岁的女儿亚历山德拉一起离开他位于威斯敏斯特洛德北街上的住宅时，被一群记者追赶，他们把他的女儿吓得失声痛哭。艾特肯和女儿躲进汽车以后，发现记者们开着厢型车尾随其后，一场惊心动魄的追逐在伦敦市中心展开了，直到艾特肯采取了一个狡猾的策略：他把车子开进西班牙大使馆，并且换了一辆坐骑，才摆脱了那些讨厌的新闻记者。

艾特肯——这位富有、英俊且善于雄辩的男人，难以抗拒演出闹剧的诱惑。一年前他在记者会上宣称要控告《卫报》，因为《卫报》刊登了许多对他与沙特阿拉伯军火商关系的评论（如艾特肯在任期内与军火商在巴黎的丽兹酒店会面等细节）。艾特肯还说：“如果我必须肩负启动战争之责，用英国‘公平竞争’这个可信赖的盾牌以及单纯的真理之剑，来割除我们国家之瘤——这被扭曲了的新闻界——我已经准备好全力奋战，这是一场对抗虚假谬误的战争。”后来，这个案子的审理时间超过两年。艾特肯明明知道《卫报》的诸多指控都是真实的，还非常乐于制造闹剧，于是他输掉了官司，并赔上了名声和事业。

在审判中，让所有人惊讶的是艾特肯说过的谎言的数量。某些谎言是为了圆他之前的谎言，而有些谎言似乎只是为了满足撒谎的快感。就像盖洛威一样，艾特肯在虚构时得到的欢愉，让他在撒谎这件事上欲罢不能。像小说家一样，艾特肯还用这些谎言来为自己增色。正如他在记者会上所表现的那样，他在法庭上的形象也是一个坚忍的、维持正义的、饱受诬蔑与诽谤的爱国人士。他说的那则被新闻记者追赶的故事有非常明确的、戏剧性的目的：成就他潇洒又英勇的英雄形象。

艾特肯的案子在1997年6月17日败诉，辩方终于找到毫无争议的证据，证实了艾特肯在前往巴黎与军火商会面与否一事上，对法官说了谎。在那之前，他那迷人的风采、善于雄辩的口才，处处透露着真诚与自信的魅力，似乎随时都可能让他赢得胜利。然而在几天前，关于被记者追赶一事的真相呈现在法庭上时，无疑给他的完美形象打了天大的折扣——艾特肯确实在那天出门，但亚历山德拉却没跟他在一起，他是自己走出屋子上了车，并开车离开，且没有被任何车子尾随。

※ ※ ※

虚构症患者捏造的故事并不全然是随机创造的，像艾特肯的谎言所表现出来的，撒谎的目的是为了塑造自己的完美形象，撒谎者本身是他们剧本中的主角。因为无法接受自己的状况或真实原因的不堪，他们编造的故事往往隐喻了自己的困境。伦敦国王学院的艾卡特瑞尼·福多波罗（Aikaterini Fotopoulou）是虚构症临床病理学家。

她告诉了我她的一位19岁的病人RM的故事。这位窗户装配工在某次因超速驾驶引发的车祸中受了重伤，伤及了他的脑前叶。6个月后，RM的身体复原了，但在时间感知方面有些错乱，他无法预先计划任何事，而且根据他亲友的说法，相较于车祸前，如今的他变成一个极度自恋且情绪化的人。他已经成为一位慢性的虚构症患者。他编造了一个又长又复杂的故事，用以解释自己为什么会待在医院里接受医生的照料。并重新改写了过去不愉快的事件，用比较愉快的方式让它们“发生”：在意外发生前，他因为父母离婚而感到沮丧，并数次说服父母破镜重圆。在他的女朋友和家人遭受恶徒的攻击时，他回应了他们的求救，并超速跑到现场，不得不用暴力回击了攻击者。等到警察到达时，看到现场的血迹，还称赞他说他做了连警察都做不到的事。福多波罗说，RM编写这个故事的理由，是想以此来缓解内心深处的无力感。

福多波罗意识到，在患者虚构的故事中，可以发掘出他们潜意识中无法解决的问题。她的另一位患者——一位富有的意大利商人在严重中风后，就一直为遗失了的一箱重要资料所懊恼（但实际上并没有这回事）。福多波罗认为，这是他对自己记忆问题的隐喻。西格蒙德·弗洛伊德（Sigmund Freud）认为普通人借由做梦或幻想实现梦想，而虚构症患者只能依靠编造故事来实现愿望。同时，弗洛伊德不仅仅发现病人梦境和言辞后隐藏的心理学意义，还会观察他们的艺术创作。他认为，做梦、说故事和说谎，其实是密不可分的，因为我们永远无法说出我们潜意识中最真实的那部分内容。弗洛伊德同时还注意到，许多男性小说家最喜欢的创作思路是，让男主角成为被主流社会认同的绝世高手——例如，拯救一位饱受痛苦折磨的女性。

※ ※ ※

在马龙·白兰度去世前，他拍摄了一辑关于演技教学的录影带——《为生计而撒谎》（*Lying for a Living*，未曾出版）。在现存的镜头中，白兰度为年轻的莱昂纳多·迪卡普里奥与西恩·潘传授他的表演技巧，他还从洛杉矶随机找了一些人，说服他们进行即兴表演。“如果你能够说谎，你就懂得怎么演戏。”在被问及这个系列的名称时，白兰度这样回答作家杰德·卡夫坦（Jod Kaftan）。当被问及“你是个说谎高手吗？”时，白兰度答道：“老天，我棒极了！”

演员、剧作家和小说家并不是在说谎，因为规则是大家预先就知道的：你来戏院，看我们如何高明地欺骗你。就像白兰度和其他人观察到的，说故事的艺术手法和说谎其实非常相似：两者都捏造了一些情节，并要求观众或听众相信他们。心路历程非常接近。

而慢性虚构症患者却不像艺术家那样，他们无法停止编造故事——虽然在某些特定时刻，对艺术家而言也是如此。他们有时候会说，某个作品已经超越他们的控制，就像作品自己有了灵魂一样。当迪伦站在宠物店外时，感觉那些歌词自己跟着旋律涌了出来；而众所周知，他某次曾经经过长时间不间断地撰写与修改，才创作出《像颗滚石》（*Like a Rolling Stone*）的歌词。因为艺术家是在有意识地创造一个虚构物，因此能够调动自己的潜意识全力以赴地实现它。罗伯特·路易斯·史蒂文森

（Robert Louis Stevenson）依靠他自己非凡又鲜明的梦境，写出了《化身博士》（*Strange Case of Dr Jekyll and Mr Hyde*），这个故事起源于一个让他半夜惊醒的噩梦。如果**慢性虚构症患者是不自觉地陷入福多波罗所谓的“白日梦”，那么艺术家们则是蓄意地从虚构中汲取资源。**

约翰霍普金斯大学医学系助理教授查尔斯·李姆（Charles Limb）除了是位耳部外科医师外，还是一位技艺高超的萨克斯风乐手、作曲家和音乐历史学家，最喜爱的音乐是爵士乐。同时，他还着迷于研究让爵士乐手在任何时候都创造出新事物的心理变化。例如，他的音乐偶像约翰·柯川（John Coltrane）总是能在舞台上即兴创作出伟大的作品。李姆想知道，有没有什么方法可以追踪音乐家即兴创作时的神经活动，是不是因为那样的神经活动，才产生了灵光乍现，并使灵光乍现变成了永恒的创造力？就此问题，他和同事艾伦·布劳恩（Allen Braun）展开了一系列的实验研究。

李姆和布劳恩招募了4名爵士音乐家，要求他们躺在大脑扫描机内弹奏特别设计的键盘。他们被要求先弹奏一些不需要想象力的乐曲——由李姆作曲的简单蓝调旋律；然后被要求在一段爵士四重奏的旋律中即兴演奏。一旦他们开始即兴演奏，这些音乐家的脑部活动立刻显示为完全不一样的模式：负责自我觉知和内省（即感知“我是谁”）的脑前叶活动力非常强，同时，音乐家似乎会“关闭”大脑中负责自我控制和自我监控的部位——这些部位正是虚构症患者脑部受损的部位。所以，李姆指出了即兴音乐家“因为关闭了自我抑制系统，内在的声音才有机会站上舞台”。

奇异的是，艺术家同样还能控制那个“打开”的时机。当我问塞尔夫，让艺术家与众不同的特质是什么时，他引用弗兰纳里·奥康纳（Flannery O'Connor）的说法，他说作家必须“故意装笨”。“我可以想到太多比我更有领悟力的人，他们更愿意学习，有更多的专业知识。”塞尔夫说，“但他们并不会故意装笨，在这个意义上，他们不曾完好地保留那种可以暂时中止自我的能力；像小孩挖个小洞，然后说‘这是我的城堡’那样的扮演，他们做不到。作家则可以做到。创造力只是一种高级形式的扮演，在那样的扮演中，正常的时空感都被中止了。”

弗洛伊德观察到，孩子在扮演时的毫无顾忌的愉悦感会在成年时逐渐消失，被边缘化为“白日梦”或仅仅是“幻想”而已。儿童是魔幻现实主义者，他们知道现实与幻想的差别，但从幻想中得到的毫无顾忌的愉悦感却并没有因此减少。现在，我们用神经发展的概念，对这种现象有了更多的解释：大脑负责愉悦和幻想的部分较早成熟，而负责自我监控和规范的那部分则是最晚发展完全的。当我们长大后，我们仍然能够听到威廉·詹姆斯所谓的“壶中沸腾的念头”所发出的嘶鸣声，但它可能会随着我们必须顾及现实、并且把重心放在找工作和付清贷款等日常事务上而逐渐衰减。毕加索（Pablo Picasso）曾经说过一句话，正表达了我们逐渐丧失创造力的根源所在：“在我们长大后，如何才能留住那位艺术家？”

※ ※ ※

1962年，一项针对创造力的研究在一群11-18岁的中学生中进行，先让他们进行了一系列口语和视觉的练习，目标是梳理出“聪明”和“创意”的差别，实验结果将与校方之前举行过的智商测验进行比较。在某个练习中，学生被要求观看一张商人斜倚在飞机座椅上的照片，然后想象照片背后发生的故事。智商高的学生会给出类似这样的答案：

史密斯先生刚刚完成一次成功的商务谈判，正在回家的飞机上。他非常高兴，同时也在思念远方的家人，想到一个小时后，史密斯太太和3个孩子将在机场迎接自己的归来，史密斯先生的内心充满了期待。

但对于同样一张照片，创造力高的学生则给出了如下答案：

这个男人刚刚飞离雷诺。在那里，他跟妻子办完了离婚手续。他告诉法官，他再也无法忍受和她一起生活，夜里她总是往脸上抹很厚的面霜，而当她躺下时，她的满脸面霜全蹭在了他的脑袋上。拍摄照片的此刻，他仍在回想那些黏腻的面霜。

你不得不承认，这位不知名的学生将来很可能成为小说家、剧作家或脱口秀演员。他的反应显示出一种让人吃惊的联想能力：简单的勾勒就可以牵连出雷诺、离婚和面霜，而且激发出“满脸面霜全蹭在了某人的脑袋上”这样喜剧性的描述方式。在几个短短的句子中，飞机上的男子变成一幕戏剧的主角，冲突和不确定性如此鲜明，立即让角色、感性和整体氛围显露无遗。

或许，艺术家与一般人说谎及慢性虚构症患者的“诚实谎言”最关键的差异，就是艺术家的谎言有意义，而且它们引起的共鸣会超过观众与作者本身的共鸣。塞尔夫首部成名作品是《无稽之谈》（*Cock and Bull*），故事是一个长了阴茎的女人和她那粗心大意、长年醉酒的丈夫做爱，他却毫无察觉。这个故事结合了两个完全不搭界的要素：女人和阴茎。对塞尔夫来说，它们就像“黄金”和“山”或“佣金”和“洗澡”一样。将这两样完全不同的东西联结在一起，起到了一个奇异的效果，远高于塞尔夫当初的立意：用来探讨了无生气、缺少情爱的婚姻。

弗洛伊德尝试用作家的作品来对他们进行心理分析，但他忽略了好的作家总是能够对材料进行再创造的这个要素，不论这些材料来自哪里。史蒂文森的噩梦只是素材，故事需要在“清醒且有意识”的情况下被创造和写就。如果强迫他们说明，他们会说这些灵感不仅来源于自己的生活，而且包括大家共同的体验。站在宠物店外，迪伦是在练习一个他一再使用的技能，这种技能可以用来点燃他更伟大的创作——像《铃鼓先生》（*Mr Tambourine Man*）这样的歌曲，把我们带到“记忆和命运被深深卷到浪潮之下”的地方。

小说家马里奥·巴尔加斯·略萨（Mario Vargas Llosa）说过，小说“表达一种令人好奇的真相，只能用鬼祟且隐晦的方式阐述，伪装成另一种样子。”**艺术是谎言，而它的秘密成分，就是真相。**

※ ※ ※

无法停止搬弄是非的人，以及知晓自己说谎的人，都受到疯癫症或慢性虚构症的折磨，并且在心理方面都存在缺失感。

从临床意义上来说，盖洛威和艾特肯都不算是病态的说谎者。虽然他们对说谎已经到了鬼迷心窍的地步，但对于自己说谎的行为，还是展现出了相当程度的自制力（这只会让他们的行为受到更多谴责）。这样的骗子跟强迫症式的说谎者还是有很大的差异，后者对于自我的吹捧已经到了上瘾的地步，这经常是因为他们缺少社会安全感，而他们的谎言往往也对别人无害，只是会让自己越陷越深而已。病态的说谎者是另一种完全不同的类别。他们充满操控欲、狡猾而且自恋，他们虽然是不由自主地说谎，但心里其实都有特定的、自利的目的。他们追求目标时非常迷人且可靠，但如果有人不小心挡了他们的路，就会受到极大的伤害。病态的说谎者只在乎是否达成了目的，对于在过程中是否造成了破坏，或者是否有损自己的名声，他们并不在乎。

这样的行为也许可以和一种特殊的情绪能力缺乏症产生关联。阿德里安·雷恩（Adrian Raine）是宾州大学的犯罪学家，专门研究惯犯的大脑和一般人的大脑的区别。他和同事们对那些已经被认为心理异常的人进行脑部断层扫描（并非所有的病态说谎者都是心理异常者，心理异常者本身就有非常复杂且富争议的分类，不过这两者之间有相当高的重叠性）。当受试者躺在扫描机内时，接受一些“需做出决定”的测试。他们面对的题目相当残酷，也是道德学家们最爱使用的残酷假设。例如，在战争时期，你和某些同乡藏身于一间房子的地下室里，你听见敌兵就在门外，只要你们被发现，一定会全部被杀死。你抱着你的孩子，她感冒了，你知道如果她咳嗽或哭泣的话，一定会被士兵听见，他们会发现你们的藏身之处，杀了你和你的孩子，同时杀了你所有的同乡。你应该为了拯救同乡而勒死自己的孩子吗？还是你明知后果仍会任由孩子咳嗽？

别担心，这是个没有标准答案的问题。事实上，研究者想知道的也不是受试者如何回答，而是他们在思考时，大脑是如何运作的。在正常人接受这个测验时，大脑专司情绪管理的部位有非常高的活动量。你只要花一点儿时间想想上述的两难抉择，你大概就能够体会那种焦虑不安的感觉，毕竟这是个非常可怕的选择，而精神症患者一般不会有这样的感觉。脑部断层扫描显示，受试者的病情越严重，他们在思考这种两难状况时，脑中掌管情绪的、包括杏仁核在内的部位的活动量就越低。换句话说，这些杀人犯在道德判断的过程中，缺少了情绪的元素。同时，有很多证据显示，在进行道德判断时，我们多数人都非常依赖情绪及直觉。

人们经常说，精神病患者无法分辨是非黑白，但这不是真的，他们也许能够像你和我一样，通过道德推理测验。但他们的问题在于，他们无法“感觉到”对与错。

这种感觉失能会波及到他们对于诚实与不诚实的感觉。即便在谎言对我们有利的情况下，大多数人也还是会选择诚实，是因为说谎会让我们不安——就像阅读华盛顿故事的小朋友一样，我们领悟到说实话的愉悦，以及撒小谎的不安（虽然我们有时候会抑制这种不安的感觉，而选择撒谎）。病态的说谎者没有这样的感觉。他们往往用名演员才有的口吻和无懈可击的姿态，交出一份诚实的仿制品。赫维·克利克（Hervey Cleckley）写出了《心智面具》（*The Mask of Sanity*）——这部精神病研究的经典作品，他曾经说过“过度强调、巧舌如簧以及其他聪明说谎者的征兆并不会出现在他（病态的说谎者）的话语或礼节上……即使说了最严重的谎言，他们仍旧可以冷静地、毫不困难地直视别人的眼睛。”

最厉害的说谎者能够不费吹灰之力就迷惑住别人。克利克承认，即使在研究病态人格多年后，他仍旧会被他们利用，一遍又一遍被病人们愚弄，他们向他借钱，借出去的钱却总是有去无还。

也许另外一种神经上的特征也常见于病态说谎者。雷恩在南加利福尼亚州大学任教时，曾与同事杨亚林（Yaling Yang，音译）就这个议题进行了研究。一开始，他们面临一个有趣的问题：如何辨识、招募受试者。毕竟，问一个骗子会不会说谎，你就容易被卷入骗子的逻辑旋涡。他们采用了一个聪明的方法，在洛杉矶临时工的职业介绍所调出资料。雷恩和杨知道，**病态说谎者无法维持任何类型的长期关系，也无法在同一岗位上长久工作**。他们说的各种谎言很快就会被人发现，这使得他们在社会关系和工作领域方面都必须转移阵地，像只寄生虫一样找寻新的宿主。

所以，雷恩和杨知道了自己要找的受试者是快速更换工作的人。他们征求自愿者参与心理测验，并找到了108位，要求他们填写并寄回一份详细的问卷。“我们想要发现他们在职业、教育、犯罪和家庭背景上不一致的故事。”雷恩说。然后他们再与那些可能有说谎习惯的人面谈，“病态说谎者无法分辨真伪，他们在面谈时会表现出自相矛盾。”雷恩解释道。他们不只会假装自己很诚实（这是他们常见的特征之一），而且到了厚颜无耻的地步，自我感觉极好，觉得自己不可一世。在面谈时，某些受试者开心地承认会把别人当猎物，还用假名参与过黑社会交易等。最后研究者找出12位“正牌货”，然后用断层扫描找出他们的大脑结构和控制组的大脑结构有何不同。

雷恩和杨认为病态说谎者的脑前叶有某种神经缺陷。扫描的结果显示他们的假设是正确的：跟控制组相较，病态说谎者的前叶少了非常多的皮质。让研究者惊讶的是，说谎者还多了一些其他的东西：他们有较多的“白质”——这是负责链接的脑纤维。那里的神经链越多，人的想法就越多样、越有创意，口语能力也越强。虽然这个研究离定论还有很长的路要走，但它指出病态说谎者有非常好的说谎“设备”，而我们多数人拥有的抑制系统，他们却相对缺乏。在缺少关键性的感知机制下（包括道德感觉的能力），他们的创造力十分具有爆发力。在创造力无法发挥或无法得到肯定的情况下，他们只能困在由自己的谎言所构建的孤寂世界里。

说谎心理学：

为什么不说谎，我们就活不下去

BORN LIARS

第四章 马脚和露馅儿：

谎言有哪些征兆？

BORN LIARS

Why We Can't Live Without Deceit

骗子必须要在受到质疑的情况下，思索出有说服力的答案；要小心避免自相矛盾；说出的故事必须和讯问者已经知道的事实相符；必须避免口误；也必须记住自己之前说过的话，才能在被要求重复时不露出马脚。在这么多重任务之余，他们还得控制自己的肢体语言。更需要注意的是，不过度控制自己的行为举动，以免引起怀疑。

“金币在哪里？”仙女问道。

“被我弄丢了。”小木偶答道。

不过，他在说谎，金币就在他的口袋里。

他一开口，原来已经够长的鼻子又变长了至少两英寸。

——卡洛·科洛迪（Carlo Collodi），《木偶奇遇记》

得州基督教大学的心理学家查尔斯·邦德（Charles Bond）在全球63个国家询问了2520位成年人，问他们如何辨别骗子。超过70%的人会说，骗子一般会避免和别人的视线接触。许多人描述说谎的人会坐立不安、口吃或不停地挠痒，还会表现得比平常更爱说话。邦德发现，对说谎者的这一类刻板印象具有文化普遍性，但是这些判断其实并没有科学依据，而我们却被这样的印象牵着鼻子走。

邦德和另一位同事——同样也身为谎言专家的贝拉·德保罗（Bella DePaulo），就上百个测谎实验进行后设分析。他们发现，受试者能够正确分辨真伪的比例大约是47%。换句话说，要知道别人有没有说谎，还是用丢铜板来决定比较靠谱。

在日常生活中，我们都活在“真实的误解”之中。除非有特定的理由让我们怀疑某人说谎，否则我们不会轻易怀疑别人。为什么会这样？如果我们被迫认为，我们听到的每一件事都可能是谎言，这将是个多么痛苦的世界啊！同时，正如同布朗定律所言，这样一来，社会将完全无法运转。正因为有这个前提，才让那些有技巧的骗子比我们更占优势。

因此，什么是我们该预防的？针对这个问题曾经进行过太多的调查，但目前还未找到一个简单的答案。一方面，每个人“露馅儿”的方式不同，有的人会快速地眨眼，有的人的眼睛可能一眨不眨；另一方面，说谎的征兆也会因为撒谎的内容而有所差异。当人们撒一个弥天大谎时，在叙述时会出现比平常更多的停顿，同时，停顿的时间也更长，速度也会变得更慢；但如果只是一个无关紧要的小谎言，或是近乎完美的谎言，那整个言谈举止可能又完全相反。不擅长说谎的人有时会表现出符合我们对说谎者预期的不安的征兆，但总的来说，成熟的骗子一般不会乱眨眼睛、坐立不安或故作姿态。

记住，如果被要求从一群人中指认谁是骗子时，你最好指向人群中最迷人、口才最流利的那个人，而不要找那种躲在角落里的、神色慌张的、口齿不清的、看起来似乎更可疑的人。谎言需要认知能力、情绪和社交能力的配合。最佳的骗子都是那些有魅力的、有同理心的、有更快预知能力的人。在接受质问时，他们的证词较有一致性，因为他们已经把整个故事都想过了。他们较有可能依据时间来陈述故事（诚实的人则会瞎拼乱凑，让我们更觉得可疑）。如果有人说“我不记得了”，我们就会起疑心。然而事实上，比起那些口若悬河的人，那些会自动更正或无法回忆细节的人，或许更值得被信任。不过，话虽如此，真正的说谎高手也会故意犯错，以便让自己看起来更自然、更无辜。

辨认骗子远不如我们想象中那样容易，有技巧的骗子更是难以拆穿。身经百战的骗子会找出自己的破绽（或一般人以为的漏洞），然后避免这些错误。他们既了解普通人对骗子的看法，也知道要成为一位诈骗高手，就要先了解普通人用哪些标准来区分老实人与骗子。

没有可以估量的可靠指标，并不代表我们内在的测谎机制就无法得到磨炼和提升。有两个派别的理论告诉我们如何辨识谎言：一派锁定在说谎者的脸部表情上；另一派则认为线索尽在言语中。

诚实的面容

没有任何方法可以隐藏说谎的眼睛。

——老鹰乐队，《说谎的眼睛》

心理学家保罗·埃克曼（Paul Ekman）在1967年时受一群加利福尼亚州医院的心理医生委托，协助医生们辨别那些有自杀倾向的患者是否有撒谎行为。埃克曼并不确定自己是否符合医生们的需求，但他认为自己手上的一部影片也许可以提供某些线索——许多年前，他拍摄了40位精神症患者和医生面谈的过程，至少确定其中有一位42岁、名叫玛丽的家庭主妇有说谎行为。

玛丽曾经三度企图自杀。前两次都无碍，但第三次自杀时非常危险，幸亏被及时送到医院才捡回了一条命。在留院观察了三个星期后，她看起来比较快乐了，然后她提出想回家和家人一起过周末。在与玛丽面谈并且衡量了她目前的心智状况后，医生同意了她的请求。然而不久后，玛丽用实际行动证明了她离开医院的真正理由：企图再度自杀。

埃克曼和他的同事华莱士·弗里森（Wallace Friesen）不断重播玛丽离院前的录影带，企图找到她欺骗医生的蛛丝马迹。在玛丽诉说自己觉得好多了的时候，他们用慢进的播放速度仔细检视她的脸。终于，他们看到了：当医生询问玛丽未来有什么计划时，她脸上有一丝失望的表情闪过，这个表情是如此的短暂，用正常的播放速度根本无法察觉，甚至在用1/4倍的速度播放时都很难看得见。玛丽的表情出卖了她，或许就连她自己也根本不知道这些表情曾经出现过。

精神科医生一开始找埃克曼时，是因为他对人类脸部的表达能力很有研究。早在20世纪60年代初，当埃克曼还是一位年轻的心理学家时，他便试图为当时在社会学领域中十分盛行的“我们的脸部表情是文化面具，它们和人类的情绪并没有直接的关联”这个理论找出证据。当时的心理学当红派还指出，情绪本身对于人类行为根本微不足道，甚至完全算不上是一门学问。

为此，埃克曼到遥远的巴布亚新几内亚旅行，遇到了当地的南福尔人（South Fore），这个部落很少与西方文化及西方人接触。在翻译的协助下，埃克曼对那些南福尔人说了几个非常简单的故事，结尾是某个人很高兴、很伤心或很生气，然后埃克曼要求他们从两三张不同的照片中，选出最能够代表故事主角感觉的面部表情。如果埃克曼可以证实这些南福尔人的选择不同于美国人，他就为上述理论找到了珍贵的实证。

但是南福尔人并没能满足埃克曼的期待。他们指认的面部表情和美国人或德国人并无二致，他们自己也使用了同样的表情。在表演幽默的故事时，他们眉开眼笑；在描述惊人的捕猎过程时，他们也会摆出希区柯克式的姿势。埃克曼的假设被大逆转。就像他自己在40年后所言：“我错得离谱！但这是我一生中最让人兴奋的发现。”

回到文明世界后，这项学术研究并没能让埃克曼获得肯定，他转而投靠了一位不凡的心理学家西尔万·汤姆金斯（Silvan Tomkins）。1911年出生于宾夕法尼亚州的汤姆金斯是一位杰出的、魅力十足又求知若渴的俄国牙医之子。他先在宾夕法尼亚大学研读剧本写作，但随即又热衷于当时新兴的心理学。他在1934年离开费城，当时正值经济大萧条，他没能找到任何教职工作，只能在一个赛马协会当了两年裁判。汤姆金斯的理论系统就是从他对马匹情绪的理解中得来。例如，如果公马在第一年或第二年比赛时输给母马，下次比赛时再将这两匹马排列在一起，公马就会发狂。

当时的心理学家对于人类情绪的研究并不感兴趣，但汤姆金斯却不然。在普林斯顿大学和罗格斯大学教心理学时，他写出了著名的当代情绪总论《情绪、表象与意识》（*Affect, Imagery, Consciousness*），内容主要是关于人类的面容如何表达情绪。这个课题连达尔文都有兴趣。在1872年，达尔文出版了《人类和动物的情绪表达》（*The Expression of the Emotions in Man and Animals*），书中提到“相同的心智状态会以相同的表情传递，举世皆然”。达尔文是第一位对情绪表达做出以下结论的学者：情绪的面部表情是天生的（由遗传决定的），或是学习得来的（由文化决定的）。20世纪的社会科学家对此都不以为然——除了汤姆金斯和埃克曼。

在年近70岁时，埃克曼得到了一个消息：一位病毒学家在巴布亚新几内亚丛林中拍摄了10万英尺胶片的影片，有些段落在埃克曼曾经造访的南福尔部落拍摄，其余的则在窟窟窟窟部落（Kukukuku）完成。南福尔部落的村民十分祥和、友善，但窟窟窟窟部落是出了名的凶猛残暴。埃克曼花了6个月的时间将这些镜头分类，剪掉多余的场景，然后专注地观察这些部落村民的脸部特写。当他剪辑出最后的版本时，他邀请汤姆金斯一起来看。埃克曼并没有对汤姆金斯提及影片中的部落，也把能区分两个部落的情境都剪掉了。看完片子后，汤姆金斯走到荧幕前，指着南福尔部落人的脸庞说："他们是亲切、温和、宽大又平和的人。"又指向窟窟窟窟部落的人说，"这个部落很暴力。"埃克曼惊讶不已："你到底是怎么猜到的？"汤姆金斯指出了影片中人物脸部特殊的皱纹和凸起，就是他做出判断的根据。

埃克曼开始视面容为人类情绪的资料库。在同事弗里森的帮助下，他开始进行一项巨大且看似不切实际的工作：为人类的表情建立全面性的分类。他们两个人先从医学教科书中进行梳理，粗略地描述43条脸部肌肉的轮廓，并且辨识出脸部可以操作的肌肉运动，然后对着彼此"扮鬼脸"，以便系统性地操控他们的肌肉，又对着镜子让这些肌肉做出不同的组合，然后录影。如果他们发现某种表情做不出来，他们就走到隔壁的解剖系去请教那里的外科医生。他们还把每一组独特的肌肉运动称为"动作单位"（action unit）。

最后，这两位研究者发现了10 000种脸部表情，并对它们进行编码，它们全是由不同的动作单位组合而成的。大多数的表情并没有意义，例如孩子闹着玩儿时会出现的表情，但大约有3000种表情似乎是有意义的。经过7年的研究，埃克曼和弗里森完成了为人类表情分门别类的工程，同时出版了著作《面部动作编码系统》（*Facial Action Coding System*），至今仍为心理学家所采用。人类面容的每种表情都被编码，同时经由一步一步的动作来演示这些表情如何产生，并以情绪上的“意义”来命名。例如，行动单位12号（AU12）主要是运用颧骨产生微笑，再加上AU6这个提高颊肌肉的动作，就可以做出快乐的表情。悲伤的定义则是：AU1+4+6+11，意思是皱眉、额角上扬、颊肌提高、法令纹加深以及唇角略为下压。埃克曼指出，伍迪·艾伦会扬起眉毛的内角但同时拉低拉近眉毛（AU1+4），这种悲伤的表情更让人伤心。

感谢埃克曼的研究，让社会科学家终于接受脸部表情具有普遍性的这个事实。在学术圈外，埃克曼也由于对欺骗的洞察力而闻名。话说，19世纪的纪尧姆·杜乡（Guillaume Duchenne）是第一位注意到假扮脸部表情有多么困难的神经学家，他曾说过，根本无法凭意志力控制而发出一个真正的微笑，缺乏真心的微笑“揭露了假朋友的真面目”。埃克曼错综复杂的脸部表情编目让他能够更精准地解释，为什么在我们已经尽了最大的努力去装笑脸或扮臭脸时，仍旧无法说服那些有心要观察我们的人的原因。如果我们拉动主要颧骨而不去牵动颊骨或拉动眼睛，这样的笑就没有生命。基本上，一个“让人觉得快乐的微笑”的特色是“达到顶点的协调”，眼睛眯到极致，同时嘴角拉到最宽。真正的微笑会比焦虑的笑或假意的笑来得短且平顺，真正的愤怒则很难自发地假装（希特勒极为擅长假装愤怒）。同时，负面的情绪比正面的情绪更难伪装。我们可以露齿，但我们很难记得要窄化我们嘴唇的红色边缘——就算我们记得，我们也办不到。除非我们是真的生气了。

在观看过自杀者玛丽离院前的面谈录影带后，埃克曼又发现了更值得注意的事：情绪表达不只难以伪装，而且，它们也几乎不可能被隐瞒。这个发现，激发了埃克曼对于说谎和发觉说谎的兴趣。骗子需要戴上麦克白（莎士比亚四大悲剧之一《麦克白》的主角）的“假面具”，以便配合谎言的内容，撒谎高手通常比较容易获得这个“面具”。但埃克曼相信，即使是最娴熟的骗子，也会下意识地做出与谎言不符的脸部表情，从而流露出真实的情绪。只要一个瞬间，诚实的面孔就会干扰伪装的演出，埃克曼称这些稍纵即逝的、不由自主的情绪为“微表情”。他经常提醒人们，就算能够找出微表情，这样的表情也未必是说谎的征兆，也许只是情绪的不协调而已。只有找出这些微表情的意义，才能够加以判断。

现在，埃克曼给警察、使馆工作人员和军方的情报人员传授“读脸术”。上课时，他会先在电脑屏幕上展示许多脸部的中性表情，而微表情只会出现40毫秒，学生们必须按钮回答，屏幕上出现的是哪一种情绪：恐惧、生气、惊喜、快乐、哀伤、鄙视或厌恶。在未受训练的情况下，埃克曼表示，学生们对这些微表情视而不见，但接受训练后，人们辨识它们的能力通常都能得到增强。

当然，我们有自主肌肉系统，因此对脸部的反应当然有一定的控制能力。大多数时候我们都有办法假笑而不被识破，但我们的伪装越带有情绪，被识破的风险就越高——也就是说，越不想被识破时，就越容易被识破。

汤姆金斯曾经用这样一句话来作为演讲的开场白：“我们这张脸就跟阴茎一样！”脸部表情似乎有自己的意志和想法。

虚假的言谈

我们已经知道，在分辨他人言语真伪的这件事上，大多数人并不如自己以为的那么有能力。你也许会认为，以“判断别人是否在撒谎”为主要工作的人，会比一般人高明些。实际上，根据邦德和德保罗的后设分析，精神科医师、法官、海关人员以及警察等人在判别他人是否在说谎的能力上，与一般人无异。

朴次茅斯大学教授阿尔德·维吉（Aldert Vrij）曾经写过《侦查谎言和欺骗》（*Detecting Lies and Deceit*），这是一本关于欺骗行为研究的开创性著作。维吉相信以察觉谎言为职业的人就和我们一般人一样，太专注于欺骗行为的身体特征，而忘了注意语音与语调的线索。维吉表示，某些老实人就算是说实话，也会出现一些“不诚实”的行为；相反，那些处处表现得很诚实的人，实际上满嘴跑火车。维吉引用了佛罗里达州一名男子的案例，他在某件谋杀案中接受警方讯问时，紧张得满脸通红，因而曾被视为头号嫌疑犯，不过后来证明他是无辜的。

※ ※ ※

如果说埃克曼的研究集中在说谎者情绪压力外露的迹象方面，那么令维吉感兴趣的，则是说谎者因为要说谎而在肚子里做文章（所谓的“认知负荷”）时会有哪些反应，特别是这些内在的运作对说谎者言谈的影响。

维吉相信警方调查人员采用并且认为行之有效的方法，其实存在着严重的问题。在每天的工作中，警方经常假设如果人们看起来很阴郁又不合作，他们就是在说谎；但维吉的研究指出，因为说谎者担心自己不被相信，他们可能会在接受讯问时表现出比诚实者更高的配合意愿。警方惯用手法的另一个问题是，某些审讯人员会采用《在别处》（*Life on Mars*，英国知名科幻警匪剧）中吉恩·亨特惯用的暴力手法，一开始就刁难嫌犯。维吉指出，这种试图削弱嫌犯抵抗力的手法，只会更强化他们的反抗性而已；同时，这些方法会阻断对话的可能性，感受到威胁的嫌犯会采用简短的语句回答问题，或是拒不开口。他们越需要说话，就越要耗费心力，所以干脆不说。维吉认为，**揭穿谎言最好的方法，就是让撒谎的人多说话，而不是少开口。**

警方的审问指导手册助益也不大。官方的手册有一些建议性策略，说是可以协助讯问者判断受讯者是否在说谎，原则之一是注意视觉征兆，像是嫌犯是否和你有目光的接触、是否烦躁等等。但是我们已经知道，这样的线索并不可靠。另一个建议的策略叫作“基线法”（baseline method）：在正式讯问前，先和嫌犯随意聊聊，然后比较嫌犯在受讯问时的语言和行为，跟先前的言行有何不同。然而维吉认为，人们在不同的时间本来就会采用不同的言谈模式——这与他们是否诚实无关。第三种方法是“行为分析面谈”（Behavioural Analysis Interview）策略，包括抛出一连串会使说谎者和诚实者做出不同反应的问题。不过维吉同样认为，这样的方法缺少有效证据支持。更重要的是，这些指导性原则都没能指出，警方就和我们一般人一样，会带有许多下意识的偏见。如果疑犯有外国口音，他们就不容易被信任；如果嫌犯外貌具有吸引力，比如有一张娃娃脸，或者社交技巧娴熟而且口齿清晰，就容易获得信任。殊不知研究者已经发现，最后这两项特质其实和说谎高手特别有关联。

那么，警方在讯问时到底要怎么办？就像我们前面提到的，说谎是需要花工夫的。骗子必须要在受到质疑的情况下，思索出有说服力的答案；要小心避免自相矛盾；说出的故事必须和讯问者已经知道的事实相符；必须避免口误；也必须记住自己之前说过的话，才能在被要求重复时不露出马脚。在这么多重任务之余，他们还得控制自己的肢体语言。更需要注意的是，不过度控制自己的行为举动，以免引起怀疑。维吉偏好的策略是增加说谎者的认知负荷程度，好让他们无法再控制自己在心智上的杂耍表演。

要求嫌犯倒叙自己的故事，是维吉推荐的讯问策略之一。借由额外的心智压力，让那些本来就得努力才能维持一致性谎言的人更容易露出马脚。2007年，维吉和他的同事出版了研究成果合集，该研究的目的是为了反驳警方惯用手法的有效性。研究者找了250多位学生担任被讯问者，另外也找来290位警官担任讯问者。学生被分为撒谎组和诚实组，警官必须用传统的方法指认哪些人说谎。很明显，指认那些专注于视觉征兆的警官所指认的说谎者人数，远低于那些善于利用与言辞相关线索的警官。比起说实话的人，说谎者似乎较不紧张，也较愿意配合。正如维吉的预测，最可靠的指认方法正是倒叙故事。

维吉还设计了另外一种“写生测验”的方法：要求人们就他们目睹的场景进行写生。利用这种非言语的技术，更能够施加说谎者认知上的压力。在维吉的研究中，31位警官或军官被要求在一项模拟任务中从“特务”那里取得一台笔记本电脑，之后再要求他们画出自己取得电脑的地点。一半的参与者被要求说实话，另一半则必须说谎。维吉假设说谎者为了让自己的谎言被接受，会以自己曾经去过的地方为写生的对象，尽可能用各种细节去丰富画面，但这些细节都是好的谎言中常出现的标志。他同时预测，在说谎者努力这样做的同时，容易忘记场景中最关键的元素：特务。说实话的人较易着墨于交出电脑的那个人，因此在他们的意识中，这位特务正是场景的中心。结果正如维吉的预期，单单以这个元素为标准，就有将近90%的概率能够正确找出说谎的人。

虽然埃克曼和维吉在说谎的线索上有各自强调的重点，但他们两人都同意要采取一种全面的观点，来判断他人是否说谎。**当我们评估可信度时，一个人的声音、手部动作、姿势和语调都应纳入考量范围，更重要的是，把这些线索都列入对比：这些线索与该对象平时的言行相反吗？他们言谈的内容与已知的状况是否一致？想要做出正确的判断，需要很多精巧且容易出错的计算，且没有一个单一的方法可以作为捷径。**小木偶的说了谎就会变长的鼻子，只能存在于童话故事中。

为什么我们的测谎能力比想象中糟糕？说谎能力却比自己认为的要好？

在2008年，挪威的一群研究者进行了一项实验，以便了解警方如何判断被强奸者的可信度。69位警官观看了某位受害者被审讯时的录影带，但扮演受害者的人其实是一位职业女演员。不同录影带的版本中，受害者陈述的语句完全一样，差别只在于演员传递的情绪。结果显示，那些对自己的客观立场颇有自信的调查人员的判断，其实深受他们对受害者行为假设的影响：当她哭泣或沮丧时，他们认为她的说辞最可信。然而在现实世界中，受害者在被强奸后往往会有不同的反应：有些人看起来很沮丧，有些人表情呆滞、沉默寡言。警方人员依赖自己的直觉，而直觉则是由普遍流传的、不可靠的“女人痛苦时的反应”而构建的。

“由脸观心”非常困难，莎士比亚的这个警告得到许多实证的支持。然而审讯者仍旧固执地认为，他们可以借由观察别人的态度来判别对方是否在说谎，而且单单就靠本能与直觉。罗勃特·亨特（Robert Hunter）既是律师也是诈欺专家，他把这种误解称为“行为假设”（demeanour assumption）。他引用美国学生阿曼达·诺克斯（Amanda Knox）的案例，她因为梅雷迪思·德切尔（Meredith Dercher）谋杀案在2007年被逮捕。意大利警察几乎完全是基于诺克斯在强势审讯下的行为而做出了判断：“我们可以认定嫌犯有罪，”首席调查员埃德加多·吉欧比（Edgardo Giobbi）宣称，“我们仔细观察了嫌犯在被审讯时的心理和行为反应，这个方法可以快速地让我们了解嫌犯，因此我们无须再进行其他的调查。”吉欧比的逻辑是危险的，因为人们在面对警察的讯问或上法庭时，无法像平常那样表现，不论是否有罪，某些人的表现永远充满嫌疑。

当然，不是只有警方才拥有这样的偏见，我们也会用“举止是否得体”作为他人正直与否的即时判断标准。意大利的检察官透露说，诺克斯在拘留期间做了侧手翻（翻腾的基本动作，也是体操和舞蹈的常见动作，指双手双脚同时运动，向侧翻转的手翻动作），媒体又公布了她的笑脸，这使得全世界的读者都有一致的反应：无辜的人被控告有罪时不可能会有这样的表现。但人们在高压下的反应，其实是无法预期的，更何况单凭一张照片又怎么能有效传递个体的内心世界呢？尽管如此不科学，“行为假设”仍在审判过程中占有一定的应用分量。亨特指出，“行为假设”支撑着口头证据和法庭审判的理念，那些目睹证人提出证据的人，被认为在判断证人是否说谎这件事上，占了最有利的位置。

为什么我们对“别人是否在说谎”的判断会如此自信？可能是我们天生就有自我关注的倾向，同时，也没有认识到其实别人和我们一样面面俱到而且复杂。普林斯顿大学的心理学家艾米丽·普罗宁（Emily Pronin）提醒我们，当两个人相遇时，他们彼此的关系是极度不对称的。当你和别人交谈时，至少有两件事在你心中比在别人心中更重要——你的想法以及别人的表情。因此，你会依你眼所见、你心所感来下判断。你明知道自己会隐藏真实的想法和感觉，但你又同时假设别人的表情就传递了他们真实的感觉——他微笑因为他很开心。研究已经证实，人们在面试时会过度夸大从别人那里得知的信息，同时认为在如此短暂的接触中，别人只能非常片面地了解我们自己。我们的行为模式大致如此：我是十分微妙而复杂的，与你看到的我是不完全一样的；而你是可以被预测的、容易被了解的。“我认为没有人真的承认别人存在。”费尔南多·佩索阿（Fernando Pessoa）在《惶然录》（*The Book of Disquiet*）中曾感叹道。

矛盾的是，这种不对称也使得我们低估了自己的说谎能力，因为我们假设别人看穿我们的能力和我们看穿他们的是一样的。在爱伦·坡（Edgar Allan Poe）的短篇小说《泄密的心》（*The Tell-Tale Heart*）中，一个犯了谋杀罪的凶手被一位毫无头绪的警察问话。他认为警察完全可以查出自己的罪，因此招认了本无必要招认的事。这个戏剧性的例子被心理学家托马斯·吉洛维奇（Thomas Gilovich）称为“被洞悉错觉”（illusion of transparency）——指毫无理性又不可抗拒地相信别人可以看穿我们。宾客怀疑主人会看穿自己不喜欢今晚的菜色、暗恋者猜测他爱慕的对象一定知道自己的感受、业务主管认为屋子里的人都可以看出她在做汇报时有多紧张。我们都有一种强烈的倾向去夸大这种恐惧和矛盾——虽然相信别人不会像我们自己一样了解我们内心的想法，但很难完全说服自己。

吉洛维奇用一连串的实验来证明，我们不像自己以为的那么容易被看穿。其中一个实验要求一群人参与一个谎言侦测的循环赛，也就是虚张声势的游戏。每个人都要说真话或谎话，团体里其他人要猜测真伪。每一个团体中的“说谎者”都高估了其他人会知道他说谎的程度。在另外进行的自我专注（self-absorption）测验中得高分的人，则容易低估自己的说谎能力。

少校英格莱姆怪谭

没有人可以在不说谎的情况下赚到100万。

——威廉·詹宁斯·布赖恩（William Jennings Bryan）

2001年9月10日，少校查尔斯·英格莱姆（Charles Ingram）面临这个考题：数字1后面接100个0是多少？

这是在《谁想当百万富翁》（*Who Wants to Be a Millionaire*）这个英国（及全世界）最红的益智游戏节目中，闯关的最后一道题。在3次“求助热线”的协助下，英格莱姆正确地回答了前面11问题。此刻，他距离成为该节目史上第三个赢得百万英镑的赢家只差最后一步了。

现场观众经历了他们那两个夜晚的最佳时刻，也为英格莱姆少校不断晋级的表现所着迷。他的特质和之前两位百万奖得主有明显的不同。在2000年，茱蒂丝·卡佩尔（Judith Keppel）成为首位赢家，她拥有英国中产阶级精英的优雅和自信：就算不确定自己的答案，她也不会怀疑自己。在英格莱姆出现的5个月前，大卫·爱德华兹（David Edwards）刚刚赢得了百万奖金，他的自信属于另外一种类型：这位男子深知益智游戏的各种规则和知识，他就像书本沾染尘埃一样收集事实和论据。

相反，英格莱姆充斥着自我怀疑。每个问题都要思索再三，在4个选项中反复抉择，常常自我否定，前一秒钟才被他完全否定的答案，又面临被肯定。至于承受压力的参赛者在面对关键问题时该有的驾驭疑虑的能力，他也完全不曾展现。但不知怎么回事，他就这样踉踉跄跄地给出了11个正确答案。现在他摸索着通往最后答案的道路，答对了会让他赢得100万英镑，答错了则会让他损失50万英镑。

面对4个选项，在已经没有求助热线可以使用的情况下，英格莱姆承认他对答案毫无把握。“你从第二题开始就不曾有把握过。”节目主持人克里斯·塔兰特（Chris Tarrant）调侃道。“我想答案是 nanomole（微毫莫耳），”英格莱姆迟疑道，边用双手捂住了脸，“但也可能是gigabit（千兆）。”塔兰特极力地暗示英格莱姆应该带着目前的50万英镑的奖金离开。有那么一瞬间，英格莱姆好像同意了他的建议。

“我不认为自己能够猜对这题，”但是他仍旧坚持，“我认为应该不是megatron（塔型电子管），而且我也不认为我曾经听过 googol 这个词。（googol 这个词是指1后面有100个0的数字，是天文数字、无限大数字的代表。现今知名的搜寻引擎 google 就是经由这个词而来）”英格莱姆在宣布答案前，又念叨了最后这个答案3次。“通过排除法，我确定答案是googol，但我不知道这个词是什么。”摄影机对准在观众席中的英格莱姆太太黛安娜的脸，她看起来令人讨厌。“你刚刚获得了50万英镑——你真的要挑战一个你听都没听过的答案吗？”塔兰特充满疑虑地问道。经过了几秒钟的踌躇，英格莱姆用一种下定决心式的口气宣称：“我就选它了。”观众席中传出了惊呼声，这下子，英格莱姆又退缩了：“我得再想想。”但是他还是做到了，他坚持选googol作为最后的答案。在经过中场休息这难熬的耽搁后，塔兰特拿出了50万英镑的支票：“这支票已经不属于你了！”他一边说，一边撕毁了支票。停顿了一下，他又说道：“因为你刚刚赢得了100万英镑！”观众席中爆发出惊喜和解脱般的欢呼。

上面这段录影内容还没来得及播出的一个星期后，当“9·11”事件撼动全球时，英格莱姆在威尔特郡（Wiltshire）的家中接到节目制作公司经理保罗·史密斯（Paul Smith）的电话。史密斯通知英格莱姆，塔兰特递给他的那张百万支票已经被注销了，上面的兑现日期正是接到电话后的第二天——9月18日，而本来将于同一天播出的录影内容也被取消了。史密斯只是模模糊糊地提到了“不当行为”，并没有提到英格莱姆和这些行为的关联，英格莱姆听到这个消息后有些惊讶，但似乎并不太气恼。5天后的早上7点钟，警察逮捕了他和他的妻子。同时，80英里外的卡迪夫（Cardiff）有第三个人被逮捕：泰克文·维特克（Tecwen Whittock）——在英格莱姆比赛时，他坐在下一批参赛者中的第一排。

一年半以后，在2003年4月7日，伦敦萨瑟克刑事法院判决英格莱姆、黛安娜和维特克以欺诈手法赢得百万奖金；随后，英格莱姆被军队解雇；18个月以后，他宣布破产。

※ ※ ※

企图窃取百万英镑是正常的，但企图在千万观众面前做这件事，就实在太让人意外了。但吓坏大众的不只是这3个人的大胆行径，而是这起事件的荒谬性。阅读整个审判的过程就好像英式戏剧的剧本一样，充斥着喜剧、狡诈和可笑的自我欺骗。通俗版的内容类似这样：毕业于一所小公立学校、毫不出色的少校被他那充满雄心的妻子说服，为了一夜致富而参与该国最多人观看的节目，利用摄影棚中一位帮凶的咳嗽声——他是益智节目的高手——来引导他选出正确的答案。在克服了万难后，这3个人完成了这个不可能完成的任务，直到那天早上，电话响起为止。

这3个人都声称自己是清白的，随后虽然有人提供大笔金钱要他们“说实话”，他们也尽力表示自己的无辜。在审判结束后，电视台播放了原本被取消的节目和后续发展的纪录片，有超过1700万观众收看了这个节目——观众人数甚至超过益智节目本身的观众。纪录片剪辑了英格莱姆每一个回合的片段，特别强调少校每次选出正确的答案时，似乎就有人咳嗽。对一般大众而言，这部纪录片提供了一个满足好奇心的平台，让我们看到一个男人是如何在自己精心策划的骗局中被逮到的。英格莱姆对咳嗽的反应非常明显，简直到了可笑的地步。“我不认为我曾经听过 googol 这个词，”咳嗽声响起。“我确定答案是 googol。”

然而在检察官心中，这个案件有一个奇怪的漏洞：没有任何证据显示，英格莱姆少校和维特克曾经碰面、交谈或通信。维特克曾经和黛安娜短暂通了次电话，但在益智节目观众的世界中，这根本不足为奇。黛安娜自己也参加过这个节目（曾赢得32 000英镑的奖金），并且曾和别人合著一本关于节目的书籍。另外，想要参赛的人向曾经参赛的前辈们讨教经验也是常事。而警察也没有找到节目结束后3个人联络或见面的证据（你大概能够想象，在英格莱姆赢得比赛后、被警方调查前，这3个人曾经讨论过如何分赃）。在伦敦警察厅的高级警探调查了18个月后，发现刑事法院的判决完全依靠英格莱姆的录影带和塞拉多制片公司员工的怀疑。

经过更仔细调查后会发现，这样的怀疑其实非常脆弱。例如，制作单位告诉法庭，在少校早早就用完了他的3次求助机会时，他们就起了警觉之心。但回顾过去赢得大笔奖金的参赛者，这一点并不特别；又有人指出，维特克有嫌疑是因为他上前询问了小组成员一个问题，但至少有一位先前的参赛者说，这样做没什么不正常；而制作助理则认为，少校说他赢得百万英镑后还会继续工作，这件事让人觉得很奇怪。但之前的赢家爱德华兹在20个星期前就做了同样的事——赢得奖金后继续担任教师。这些证词正是心理学家所称的“事后偏见”（hindsight bias）——我们倾向于想起那些符合我们已经知道的或认为自己知道的思维和感觉。

然而，录影带是很有说服力的证据，这一点是毋庸置疑的。节目中共有192次咳嗽，检察官认为其中19次最大声的咳嗽，就是源自英格莱姆的帮凶，但检方也不得不承认，他们无法证实这一点。维特克并不否认自己一直在咳嗽，因为他患有花粉症和过敏性鼻炎，对灰尘很敏感。专家证实了维特克的证词，并且认为他的症状会因为摄影棚内干燥的空气而恶化。然而，控方律师轻蔑地指出："没有理由让你在他说出正确答案时正好咳嗽，除非你刻意这样做。"

在伦敦萨瑟克刑事法庭审判的22天中，法庭上出现了非常多的咳嗽声。录影带中英格莱姆的表情被播放了很多次，而最关键的片段更是被重复播放，咳嗽声则被工程师放大。但咳嗽声不只来自录影带，一位坐在旁听席的记者注意到，每当律师提到"咳嗽"这个词时（当然，它出现得非常频繁），就会有旁听者开始咳嗽。当呼吸道疾病的首席专家提供证词时，一位女陪审员忽然咳嗽不止，庭审过程不得不暂时中止。在辩方律师结案陈词时，又有两名陪审员咳嗽发作，法官只得裁定休庭，直到他们不再咳嗽为止。

他们不是有意识地决定在得到这个提示时才咳嗽——这是下意识的、非自主性反应。如果指出他们的咳嗽和"咳嗽"这个词有关，他们一定会十分惊讶。先前节目的参赛者詹姆斯·普拉斯基特（James Plaskett）出版了一本关于英格莱姆审判的书籍，他全面分析审判的过程，认为维特克的咳嗽也许正出于和庭上那些犯咳嗽病的人同样的原因。一旦你同意人们咳嗽是因为外在的刺激，那么说维特克至少有几次咳嗽是出于对自己认为的正确答案的不自主反应，就似乎具有说服力了。而且，我们也并不清楚是否所有的咳嗽都是他发出的。普拉斯基特观看卡佩尔获胜的录像时，发现她在说出正确答案与按下答案确认钮之间，有观众发出清晰的、可听见的咳嗽声，分别出现在她回答2000英镑、4000英镑、8000英镑、64 000英镑、50万英镑以及100万英镑的问题时，也就是说，最后10次作答中有6次出现了咳嗽声——和英格莱姆比赛时出现的咳嗽次数一样。

不管是对普通观众而言，还是对其他参与者而言，这桩案件充满了神秘性。后来，塔兰特发表了他的看法："伦敦警察厅和专司欺诈行为的缉查处从未找出真相。"一位警方人员曾亲口告诉《每日电讯报》（*Daily Telegraph*），"我们无法找到每一片拼图"。当然，本书的重点不在于探讨判决书是否执行了正义，我们关心的问题是：为什么大家都这么相信英格莱姆有罪?

当某人在观众面前赢得100万英镑时，自然会引发人们讨论他诚实与否的问题。然而，英格莱姆常常自我否定的行为，让答案渐渐发展为否定。节目团队本能地认为，有些地方不太对劲。当然，他们的直觉就像那些被要求判断强奸案是否真的发生的警探一样，无法去芜存菁。英格莱姆这位犹疑不定、声音优雅的中产阶级军官有他自己的文化包袱。"不显眼的好人"是塔兰特对他的第一印象——就一般人对益智节目赢家的印象而言，这样的男人是无法赢得比赛的。

或许，真正说服10位陪审员、媒体以及英国大众"英格莱姆有罪"的原因，还是在于他面临麻烦时的行为表现：困窘、怪异、毫无自信、缺乏魅力。在摄影棚的灯光下，他似乎在颤抖、不安，常常口齿不清。换句话说，英格莱姆表现出了我们直觉中的骗子的所有特点。

性善论者和性恶论者

在《唐人街》（*Chinatown*）——这部由罗曼·波兰斯基（Roman Polanski）执导的电影中，由杰克·尼科尔森（Jack Nicholson）扮演的私家侦探杰克·吉特斯（Jake Gittes）随时要在每段对话中找出谎言，同时要小心提防遇到的每一个人。在那个充斥着恶棍和想要离婚的人的小小世界中，要愚弄他非常困难。然而当他卷入洛杉矶警方的活动后，他的本能变得毫无用处。在电影结束前，他发现所有的角色都欺骗了他，人类的行为出乎意料的复杂，并让人不堪重负。

有些人甄别谎言的能力确实强过其他人，但他们不一定就是你以为的那种人。多伦多大学的心理学家南希·卡特（Nancy Carter）和马克·韦伯（Mark Weber）让46位已经有数年工作经验的管理学硕士生阅读一篇与工作有关的脚本。脚本中描述学校在招募和面试的过程中，接二连三遇到不诚实的状况，像是应试者对自己工作经历进行夸大或杜撰等。这些硕士生被告知，谎言在时间、生产力和士气方面已经对组织造成了莫大的损失。

这些参与者被要求从两位经理中选一位去进行招募工作。两位经理有相同的经验和技能，唯一的差别在于态度。名叫科琳的候选人对人性持乐观的态度，她相信所有人都是值得信任的；另一位候选人苏则是个天生的怀疑论者，她认为人们会尽力推卸责任，大部分人都不太值得被信任。受试者大多选择苏去完成招募员工的任务，他们担心科琳会因为轻信别人而受骗，甚至怀疑她智商较低。

我们多半也会做出同样的选择，即便我们和科琳的交情要好过苏。我们往往认为，让老是在找寻骗子的人担任面试官，受骗的概率显然会较小。同时也相信，在这个社会丛林中，轻易信任他人的人，容易成为骗子的猎物。高度信任者会轻易相信应征者、卖主和网络上认识的约会对象说的所有事。而且，大部分经济学模式也都指出，在社会互动中，我们更应该采用苏的、而非科琳的模式：低度信任者理所当然地假设"多数人的行为都是出于自利"，所以他们的行动目的在于避免被剥削。但相信"人性本善"者，就是冤大头的代名词吗？

在最初的实验里，卡特和韦伯想要回答这个问题。他们拍摄了学生在模拟面试中的反应，一半的学生被要求在面试时诚实以对，另一半的学生被要求在3件重要的事情上说谎，以帮助其"得到工作"。然后研究者播放这些录影带给参与实验的受试者看，他们之前已经完成过标准化的心理测验，以确认他们是高度信任者还是低度信任者。为了方便，让我们称呼他们为"性善论者"和"性恶论者"。受试者必须判断哪些学生说了谎话，哪些又是诚实的学生。结果显示，在找出说谎学生的这个任务上，性善论者的表现远远优于性恶论者。

这个发现符合其他社会学家先前的实验结果，也跟直觉相反，**性善论者比性恶论者更不易受骗**。原因可能是疑心病重的人只愿意与信任熟悉的小社会互动，而与其他人的社交互动较少。用社会学家山岸俊男（Toshio Yamagishi）的话来说，他们冒的"社会风险"较小，这表示他们和他人互动的经验比较少，因此便少了很多了解别人意图和动机的机会。

如果你认为，外面的人都是骗子，你可能不太容易被骗；但相对来说，你也就不具备区别骗子和诚实者的方法。信任别人的人看似容易受骗，这是因为他们较常参与有风险的社会互动，在这样的互动中（如盲目约会或跟摊贩买了过期的商品），难免会有事与愿违之处，但他们并非容易受骗，他们是信任别人。这两者是不同的。

远程行骗和侦查骗局

2007年1月，退休警官加里·韦德尔（Garry Weddell）在贝德福德郡（Bedfordshire）的家中勒死了他的妻子桑德拉。几个星期前，身为护士的桑德拉承认自己有了婚外情，要求和加里离婚。加里用一条电线缠住了她的脖子，然后把她挂在停车场里，伪造了她上吊自杀的假象，并在她的遗体附近，用一张A4纸制作了“遗书”，为了避免留下指纹，他还戴了塑胶手套。加里有25年的从警经验，他非常清楚他的前同事们会怎样寻找线索。

熟悉加里一家的人多半不会相信桑德拉是自杀的。桑德拉是3个孩子的母亲，生活幸福，家庭美满。不过，一开始加里并未被当作嫌疑人，只有少数有经验的警探曾经这样怀疑过。他们回顾辖区内过去的案例，发现只有3桩死亡事件用到了电线，而且每一桩都是谋杀案。同时，桑德拉的尸体上有多处淤血，这表示她在死亡前曾经进行过激烈反抗。不过，一切不过是推测，只有那张遗书成为了关键证据：它真的是遗书吗？

警方将遗书交给约翰·奥尔森（John Olsson），他是语言学方面的专家。1994年，奥尔森在伯明翰大学从事语言学的研究工作时，首次对自己的专长在犯罪调查中的应用产生了兴趣。他的同事马尔科姆·库尔撒德（Malcolm Coulthard）曾经分析过德雷克·宾利（Derek Bentley）手写的自白书，宾利在1953年因为谋杀了一位警察而被吊死，但自白书最后被证实是由警方代拟的，所以宾利的冤案得以昭雪。奥尔森从此着了迷，在调查“加里杀妻”一案前，他已经协助警方破获超过300起的刑事案件，其中包括勒索案和谋杀案。

在奥尔森的经验中，伪造的遗书往往会使用一些激烈的字眼儿，像是“疯狂”“懦弱”或“自私”，而这些词很少出现在真实的遗书中。根据这个逻辑，桑德拉的遗书似乎是真的，因为遗书中并没有大量使用这类字眼儿。但加里是个很有经验的老警察，他非常清楚使用怎样的语句才更像出自自杀者的口吻。所以奥尔森开始寻找其他线索。在之前的案例中，根据拼字的特性经常能找到遗书真正的作者，但奥尔森无法在任何桑德拉及加里手写的文件或书信中找到这样的特性，只好在标点符号这个细节上设法突破。

奥尔森注意到遗书中的句子长度——特别是任性地使用句号。第一个句号甚至被用在桑德拉写下丈夫的名字之后：

加里。我之所以用机打的形式完成这封遗书，是因为我知道手写遗书给你的话，你根本无法阅读。对于所有对你造成的伤害我感到万般抱歉。加里。我从未想过伤害你或让你痛苦万分。

遗书非常简短，却有许多句号，最值得注意的是第一个句号。这很不像桑德拉写信的方式，她喜欢散漫冗长的句子，会运用许多逗号、破折号和分号。她曾经写过多达130个字的句子——相对来说，这封遗书中的句子非常短，这样的写作方式比较像她的先生——他习惯随兴使用句号，句长平均只有9个字。这个重大发现配合其他的证据，令警方以谋杀罪起诉了加里。①

我在这本书中强调的谎言是面对面、人对人的欺骗，是那种行骗者想要依个性和情境而编造故事的欺骗行为。**谎言与行骗者的特性越一致，越是高明的谎言**；然而还有另外一种谎言，行骗者会制造某种东西，如一幅画、一段录音或一份文件，他们希望永远不会被追查到自己身上。

加里的“遗书”就是这类“远程行骗”的例子。这类骗局的第二个例子来自另一类的司法调查——有关总统选举结果的分析统计，它有助于侦查与监督选举的公平与公正性，看是否存在作弊行为。

伪造选举结果并不难，只要创造一串具有足够说服力的随机数字，然后公布你想要的结果，不就是这样吗？但这其实比你想象得更困难。问题在于，我们制造随机数字的能力，远比我们想象得还要糟糕。当受试者在实验室中被要求写下一串随机数字时，他们选择某些特定的数字，或特定的数字组合，会比其他数字更频繁。选举鉴识专家的工作，就是分析选举的结果，看它们是否是随机的数字还是出自“背后操控者”之手。

哥伦比亚大学政治学家贝恩德·贝伯（Bernd Beber）和亚历山德拉·萨科（Alexandra Scacco）在2009年曾经分析饱受争议的伊朗选举，该选举导致了伊朗的“绿色运动”（Green movement）。他们查看了来

① 这个故事最可怕是结局——在被逮捕后不久，加里获得了保释，之后他又射杀了其岳母，最后饮弹自尽。

自不同省份、不同候选人得到的票数，并留意每个票数最后的一两个数字。例如，候选人在某个省份获得14 579票，他们会将重点放在数字7和9上。在公平的选举中，最后一个数字不会与候选人有关，但伪造的选情就脱离不了关系。这是统计学上所谓的“随机杂讯（random noise）”，重点在于，它可以作为选举公平与否的试金石。例如，如果选举票数大多以5结尾，这就是非常可疑的事情了。

当贝伯和萨科检查伊朗内政部提供的结果时，发现了一些异常状况。比起随机出现的数字，数字7似乎出现得太过频繁，而数字5又出现得太少。在没人动手脚的选举中，只有低于4%的选举才会出现这样的结果。不只这样，他们还发现几乎没有产生不相邻的数字，但在随机的数列中，不相邻的数字应该很常见。为了检查这样的偏差，贝伯和萨科留意了伊朗选举票数中倒数的两个数字。平均来看，如果选举结果没有被操控，有70%的机会倒数两个数字会是不相邻数字。但在伊朗的案例中，只有62%是不相邻数字。62%似乎和70%差距不大，但在公平的选举中，差距要达到这么大的概率会小于4.2%。

这两个证据强烈指出，要说伊朗这场选举是公平的，概率远小于0.5%。

第五章　真理机之梦：

测谎仪的过去、现在与未来

BORN LIARS

Why We Can't Live Without Deceit

长期以来，我们都梦想科技能够让我们穿越人类行为的迷雾和那些令人困惑的不确定性，直接看到真相。测谎仪刚出现时，我们把身体当成证据，以为真相在大脑里。但事实上，真相并没有居住在人体内——真相分散在事件之中，唯有收集证据，并从不同角度组合它们，才能得见真相。

1921年4月19日，加利福尼亚州伯克利的一位年轻的警官邀请18岁的玛格丽特·泰勒（Margaret Taylor）进入一个小房间，房间的桌上放了件奇怪的玩意儿。泰勒是一位金发碧眼的加利福尼亚州女孩，她不知道那玩意儿是干什么用的。几个星期之前，她告诉校方说她在宿舍里丢了一枚价值400美元的戒指。现在，她必须对着眼前这个怪异的机器把失窃的过程重述一遍——据说这个机器能够施展读心术。泰勒并非是近日唯一失窃财物的女学生。过去几个月来，住在该宿舍的人（大部分是来自富有家庭的年轻女生）回到住所里时，发现自己的睡衣被平摊在床上，好像被人试穿过的样子；一位来自贝克尔斯菲市（Bakersfield）的大二女生放在教科书中的45美元被偷了；其他室友则是遗失了信件、珠宝以及丝质内衣等物品。因为没有任何寄宿生自首，学校宿舍的管理员只好选择报警。在最初的审问没有任何结果后，这个案子就交到警官约翰·拉尔森（John Larson）的手上，他就是泰勒眼前的这名男子。

泰勒小姐并无嫌疑，但拉尔森需要一些“控制组”，以便找出他觉得有嫌疑的人。当时有几位学生在外面等候，拉尔森在泰勒小姐的手臂上紧紧绑上压力计，在她的胸腔上绑上塑胶管，以测量她的呼吸深度。拉尔森告诉泰勒，尽量屏住气息，因为肌肉运动很可能让机器上的“有罪反应”出错。然后他回到仪器前，滚筒开始转动，吐出带有黑色曲线的记录纸，长长的塑胶管也开始一缩一放地测量泰勒身体的律动，一对针笔开始在纸上刮画出一些曲线。在简短的序幕后，拉尔森开始用一种机械的口吻询问泰勒：

1. 你喜欢读大学吗？
2. 你对这个测验感兴趣吗？
3. 30×40等于多少？
4. 你受到惊吓了吗？
5. 你今年会毕业吗？
6. 你跳舞吗？
7. 你对数学是否感兴趣？
8. 你偷了钱吗？
9. 测验结果显示你偷了钱，你把钱花掉了吗？

这个测验花了6分钟。拉尔森结束了对泰勒的测验后，继续完成对其他嫌疑人的测验。其中一名嫌疑人是护理系的学生海伦·格雷厄姆（Helen Graham），在进房间前，她就已经被认为有嫌疑了。海伦比其他室友年长几岁，是个眼眸深邃、引人注意的高个子姑娘，举止非常紧张。她并不受宿舍其他女生的喜爱，因为她们看不起她那略逊一筹的堪萨斯背景；还有人告诉警方，她似乎有些负担不起目前的开销。果然，还没进行到有关偷钱的“测验结果显示你偷了钱，你把钱花掉了吗？”的问题时，海伦的血压就骤降，接着警报器响起。在愤怒的情绪中，海伦扯掉了身上器械的捆绑，跳离座椅，跑出了房间。第二天她又被叫回来接受讯问，她崩溃了，并交代了自己的罪行。伯克利的新闻欢呼似的宣告：警方的新测谎仪旗开得胜。

※ ※ ※

1858年，法国生理学家艾蒂安－朱尔斯·马莱（Etienne-Jules Marey）制造了一台可以同时记录血压、呼吸和脉搏的仪器，来记录人在恶心、尖锐噪音和压力情境下的生理变化；1895年，意大利犯罪学家切萨雷·龙勃罗梭（Cesare Lombroso）基于类似情绪的生理反应发明了早期的测谎仪。嫌疑犯必须将手放在一个装满水的缸中，他的脉搏会引起水面微小的波动，波动越大，就越可能被判断为不诚实。马莱和龙勃罗梭都认为情绪和神经系统是有关联的。威廉·詹姆斯（William James）认为，情绪是因为生理反应而来的，而不是情绪引发了生理反应。一个人逃离一只熊不是因为他感到害怕，而是因为远离熊的这个动作引发了他的恐惧。在1901年，弗洛伊德写道：“世界上没有人可以守住秘密。就算他双唇紧闭……他的每个毛孔都渗出了机密。”也就是说，当一个人的情绪因为身体的惊恐或紧张而起伏明显，使用一些技术手段就能够测量出来。

20世纪的最初几十年中，美国人把希望寄托于这台“强制真话机器”身上，并对这类科学改变社会的潜力持越来越乐观的态度。《纽约时报》在1911年刊登的一篇文章预测道，未来的社会将“没有陪审团、没有一大群检察官和证人、没有起诉和反起诉，也没有辩方律师。这些法庭中的设置都没有存在的必要了。政府只要让所有的嫌疑犯接受科学仪器的测量即可”。

这种乐观态度的发源地在加利福尼亚州的伯克利——一个年轻的大学城，这里将建起新加利福尼亚大学。董事们希望把学校建在康特拉·科斯塔山丘上，这样学校将会被面前的海景所衬托，并成为“太平洋上的雅典”。到了20世纪早期，伯克利差不多要达成这个愿望了。这个城镇已经吸引了全美国最优秀、最聪明的学生和艺术家，而电车等新科技，也让伯克利闻名于世。

在深具远见的奥古斯特·福尔迈（August Vollmer）的领导下，伯克利的警察局也因为科技和观念的进步而闻名全国，福尔迈也因此被称为是美国执法的现代化之父。有着高挺身姿、深蓝眼眸和强烈求知欲的他，热烈地相信科技的潜力能够改变警政界。他的目标之一，就是用人性的科学技术取代一般美国警界采用的传统“第三级侦讯术（即刑讯术）”。作为伯克利的警长，他招募了一批聪明又具科学知识背景的年轻人，鼓励他们一起进行改革，而这些人本来并不考虑当警察。拉尔森就是第一批被招募的人之一。

好学、严谨、自我要求高又奇矮无比的拉尔森一点儿都不像警察。他来到伯克利是因为他刚完成了指纹辨识最新技术的硕士论文，要继续研读生理学和法医学的博士学位。拉尔森非常佩服福尔迈，也认同他那种比较文明又有效的办案方式。1920年，拉尔森成为全美第一位拥有博士学位的警官。

在调查女生宿舍失窃案的数周前，拉尔森刚好读到一篇哈佛学生的文章。在威廉·莫尔顿·马斯顿（William Moulton Marston）的那篇名为《测谎测验的生理可能性》（*Physiological Possibilities of the Deception Test*）的文章中，他提到受试者的血压和他们说实话之间的关联。这个发现对警政工作带来的新的可能性让拉尔森异常兴奋。于是在马斯顿的建议下，拉尔森以这个研究为基础，设计了被称为“心肺心理图”的笨重仪器。女生宿舍的失窃事件让这个仪器第一次派上用场。很显然，它发挥了作用——《科技破获淑女圈中的窃行》，在海伦被捕后，当地报纸的头条这样写道。满心喜悦的福尔迈鼓励成果丰硕[①]的拉尔森继续改进机器，同时帮拉尔森找到一位帮手。

列奥纳多·基勒（Leonardo Keeler）出生于1903年，他的父亲查理·基勒（Charlie Keeler）是一位充满自由主义思想的波希米亚诗人，因为尊敬列奥纳多·达·芬奇，因而将他儿子取名为列奥纳多。这位充满自信的年轻人除了在科技方面天赋异禀外，还是一位手法娴熟的魔术师。不过，对于正规教育，列奥纳多则没有太大的兴趣，就在他准备辍学时，在伯克利的报纸上看到警方使用了测谎仪这样的仪器，他马上就被吸引住了。福尔迈是查理的朋友，在查理的建议下，他让年轻的列奥纳多加入了警队，并鼓励拉尔森和这位聪明的年轻人一起研究这台机器。这样的组合很快就有了成果。列奥纳多增加了测谎仪可以侦测的生理项目，同时缩小了仪器的体积，可以把它放进箱子里。这个新的可携式仪器能够在一系列的图表中记录脉搏、血压、呼吸和肤电反应（掌纹

---

① 在接受测试后的第二天，拉尔森又让泰勒接受了第二次测验。他要求她说谎，以测试机器的可信度。同年，他们结婚了。

及出汗程度）——这和如今的测谎仪（polygraph，列奥纳多命名）已经相差无几。

在1921—1923年间，拉尔森和列奥纳多在伯克利测试了313起案件，共有861位嫌疑人受试，找出了218位嫌疑犯，并洗刷了310位的冤屈。虽然他们侦办的大部分案件都是小案，甚至尽管是些夫妻争执的家务事，但最重要的是，测谎仪确实能够在瞬间让人认罪。在这些被破获的案件中，这台神秘的仪器像盏探照灯一样，把罪犯照得一览无余：餐厅厨师承认自己偷了银器、教堂管理员也承认偷了钱包和手表。虽然这些成功案件都微不足道，但证明了测谎仪在不同情境中都非常有效，而且它能够做的还不只这些——福尔迈梦想的那个更简捷、更有效的侦讯方式，似乎已经到被成功实践的边缘了。没过多久，全国各地的警长都到伯克利亲眼见证了这台仪器的魔力。

然而，就在这个发明越来越被人推崇的时候，拉尔森对它的效力却开始有所质疑。他发现嫌犯在认罪后进行第二次测试时，他们的记录和那些被认定为清白的人的非常相似。海伦在伯克利受到羞辱后返回了堪萨斯，开始和拉尔森通信。海伦是一个容易焦虑的人，童年的动荡不安让她受了不少苦。她对拉尔森陈述自己的清白，拉尔森相信了她，并对发生的事表示歉意（宿舍的失窃事件继续发生，只是未再报警）。拉尔森反复思考这台测谎仪测试出的究竟是什么，这让他越来越困扰。不过，对他的同事们而言，这台机器能做到的事远比它如何运用来得重要。

拉尔森和列奥纳多的合作虽然成果丰硕，但是两人之间的关系却越来越紧张，几年以后，两人竟成了心怀敌意的对手。对于仪器的未来，他们各持己见；为了争取福尔迈的认同，他们也开始互相竞争。拉尔森对仪器渐渐产生更多的反省和怀疑，虽然他不否认它有助于科学研究和司法改革，但也怀疑这仪器是否真的能伸张正义。列奥纳多并没有这样的怀疑，他自告奋勇地解决了许多著名的案件，并且很享受这种被人关注的荣耀感，还为自己树立起了“测谎专家”的形象，许多大型企业也竞相向他求购。拉尔森鄙视列奥纳多，说他的行为亵渎了这台仪器。在列奥纳多前程似锦时，拉尔森公开谴责了他对测谎仪的所有主张。

拉尔森和列奥纳多终生都离不开这台仪器，也和对方脱离不了关系。列奥纳多严重酗酒，并导致了和妻子凯瑟琳的婚姻破裂。1948年，他因为饮酒过度而中风，随后离世，享年46岁；而拉尔森在不同的刑事机构任职，收集报纸上关于测谎仪的新闻，同时着手完成一部长达9000页的心理学专著，却始终找不到出版商。他在1965年过世，享年73岁。

※　※　※

1986年，美国间谍奥德里奇·埃姆斯（Aldrich Ames）收到中央情报局的通知，要他接受一项例行的测谎测验。所有的中情局员工每5年都应该接受一次测谎，但因为行政问题，埃姆斯已经有10年没做过测验了。他还记得第一次接受测谎时的情景，那真是让人觉得厌烦透顶。不过，现在他却为此感到恐慌。因为濒临破产，他在一年前开始出卖消息给苏联。他担心面对测谎仪时会泄露叛国这件事，因此他通知苏联国家安全委员会的头子，要求其指导他如何通过测验。

很快，埃姆斯在测验开始前收到了回信，他期待来信能够告诉他如何瞒过测谎仪。然而，苏联国家安全委员的回复却令埃姆斯大失所望，因为只是建议他去睡一个好觉，试着在测验过程中放松，仅此而已。不过埃姆斯还是依照指示这么做了，并成功地通过了测验。随后，在1991年，他又再次通过了测验，甚至在中情局内部清查时也安然过关。

到了1994年，埃姆斯的事情终于东窗事发，当时他已经将美国在苏联的大部分卧底名单交给了苏联，许多间谍因此而丧命。埃姆斯终身都厌恶测谎仪。

2000年，科学家史蒂文·阿弗特古德（Steven Aftergood）在《科学》（*Science*）杂志上登出一篇批判测谎科技的文章。当年11月，他收到一封来自艾伦伍德联邦监狱的信件，在长达4页的手写信中，被监禁的埃姆斯首先祝贺了阿弗特古德的文章被刊登，并转达了自己对于这种仪器的批判，这机智而犀利的批判来自一个曾经见证过它失效的人，无疑更让人信服：

> 跟许多无用的科学（例如笔迹鉴定、占星学和顺势疗法）一样，只因它们的实施者觉得有用或可以获利，所以，测谎仪依然存在着。它最明显的用途就是作为审问者的胁迫工具，其作用类似于橡胶警棍。它透露着以下的信息：你会被开除、不会被录用、会被起诉、会进监狱……

但测谎仪不全然是噱头。加速的脉搏和心跳的确能指出可疑点，如果再配备一个娴熟的操作员，这种仪器会有很高的成功率（虽然“娴熟的操作员”这一点，就很难实现）。不过，埃姆斯说的也没错，测谎仪的许多功能本身就建立在谎言上，所有被测量到的问题很可能是由其他原因所引发的，包括许多诚实的人在面对这样的测验时，都会不自觉地紧张起来。

欧洲从来不曾流行过测谎仪，而测谎仪诞生的国度也未能建立可以在法庭上使用的、足够科学的证据标准。但这个机器的确成为警方在讯问时的重要工具①，警方不在乎科学与否——他们只知道在嫌犯面前搬出这台仪器，就是让他们认罪的最好方法②。美国军方和情报人员长期以来也广泛地应用测谎仪来调查疑似的间谍或恐怖分子、证实盟友的忠贞、举证证词的真实性以及员工的可信度（如埃姆斯受调查一事）。但在2001年，一份美国五角大楼对国会提交的报告中指出："国家安全太重要了，不应该只靠这种傻瓜仪器来做决策。"美国国家科学院在2003年的报告中也指出，测谎仪的表现"比随机更好，但离完美甚远"。目前，它仍被联邦政府所采用，不过，已经较少出现在司法或军队应用中。

测谎仪的流行本身就折射出20世纪美国社会的问题。在20世纪三四十年代，当时美国进入冷战时期，对个体正直与否的要求越来越严苛，在列奥纳多的协助下，测谎仪被广泛应用于银行、工厂和政府部门，这些单位都急于确认员工的诚实和可信度，它成为了一种政治符号，而测谎仪恰好能够达到（或者说似乎能够达到）测试的目的。在阿尔杰·希斯（Alger Hiss）的案例中，时任总统的尼克松呼吁疑似的间

---

① 测谎仪也被一些希望筛检出同性恋的团体使用。加拿大皇家骑警利用一个仪器，将它绑在受试者的阴茎上，在他们观看男子、女子及儿童的裸体照片时，记录阴茎是否勃起。当时记录这些阴茎体积变化的扫描仪，到现在还是用来测试性罪犯的工具。

② 美剧《火线》（*The Wire*）描述20世纪80年代的警探将嫌犯的手放在影印机上，印出满是"谎言"的纸张，来让嫌犯认罪。

谍、同时也是尼克松好友的维特克·钱伯斯（Whittaker Chambers）接受测验，“我完全不了解测谎仪，也不知道它是否准确，但我知道它吓坏了许多人。”参议员乔·麦卡锡（Joe McCarthy）在1950年2月的演讲中，对205位被他指控为共产党员的美国人发起测谎仪挑战。测谎仪也成为了当时的一种流行文化的符号，频频出现在电影、电视剧和杂志中。第一台测谎仪的原型，来自威廉·莫尔顿·马斯顿的洞见，他最了解这台仪器的文化潜力。

1893年出生于波士顿的马斯顿是个有着一张圆脸、热情又乐观的男人。在哈佛大学时，他在声望极高的雨果·闵斯特伯格（Hugo M ü nsterberg）的“情绪实验室”工作，和他的学生们利用仪器记录脉搏，研究恐惧、温柔等情绪反应。一位名叫格特鲁德·斯泰因（Gertrude Stein）的学生后来以第三人称的方式写下了她的感受：“奇怪的想象开始拥抱她，她感觉到那支沉默的笔似乎要永无止境地写下去。”在发明测谎仪的三位科学家中，马斯顿是唯一没有将测谎仪应用于司法方面的人。他专注于欺骗的心理研究，从而拥有了更丰富的职业体验，后来，他成为了美国第一位通俗心理学家。

在20世纪30年代，马斯顿的专栏经常出现在《君子》（*Esquire*）或《家庭圈》（*Family Circle*）等杂志中，对自愿参与的年轻女性实施他的“欺骗测验”；他也经常成为电视游戏节目的嘉宾，还受雇于寰球影城，主要工作是评估电影造成的情绪影响。同时，他也将自己的姓名和专业声誉借给广告商使用，广告中会利用他的测验来代替市场调查，最著名的应用之一是吉列刮胡刀的广告。广告创意是这样的：

数百位男士们被绑在测谎仪上——也就是警方使用的测谎仪上，将要揭开吉列刮胡刀的秘密。这些男人在知名的心理学家、测谎仪的开山鼻祖马斯顿博士的锐利目光下刮胡子。他们来自各行各业，长着各式胡子，还遇到各类刮胡子的问题。他们知道测谎仪将和盘托出……这些男人半边脸用吉列刮胡刀，另一边则用其他品牌……

马斯顿着迷于这种新型的大众娱乐，他相信只要有正确的指导原则，就能够帮助美国人解决情绪问题。他认为，一切社会问题都源于女性没能成为社会的主导力量，他同时还认为从物种的进化上来说，女人要优于男人。男人有较强的性欲和操控欲，而女人则较喜爱培养“爱的反应”。这种看似温和的互动最终会导致女性指挥所有的物种。他预言在几百年后“这个国家会成为亚马孙部落式的母系社会”，而测谎仪这种工具能够对文化和情绪进行调整，并借此指导男性和女性，告诉他们什么是自己真正想要的东西。

这三位发明测谎仪的人当中，马斯顿也是唯一一位不曾因为测谎仪而吃苦头的人。他最大的贡献可能不在心理学或司法领域中，而是在流行文化里。马斯顿受邀进入DC漫画的董事会，由于读者批评漫画会影响儿童的情绪，董事会急于抚平读者的焦虑，所以邀请马斯顿加盟。马斯顿问他的新同事，为什么漫画中没有女英雄？结果他被告知，这样的角色不会成功。马斯顿认为，那是因为过去不曾出现过兼具力量和女性特质的主角。为了检验自己的说法，马斯顿创造了神奇女侠（Wonder Woman），手持金色的“真言套索”，被套住的人都得说实话。

新真话机器

事实证明，测谎仪比神奇女侠的真言套索更不可靠。好在，如今的大脑扫描技术已经能够做到测谎仪做不到的事，这个可能性令人十分兴奋。这些新技术能够呈现大脑的神经活动，也就是直达谎言本身，让我们不再受限于表面征兆。

EEG（electroencephalography，脑电图）和fMRI（Functional magnetic resonance imaging，核磁共振）是两种主要用于测谎的大脑扫描技术。EEG通过贴在受试者头皮上的多重电极，可以测量到由神经引发的大脑内部活动。在典型的利用EEG测谎的过程中，会让受试者或嫌疑人观看一系列与他们罪行相关及无关的图像和文字。为这项技术发展贡献最多的西北大学的彼得·罗森菲尔德（Peter Rosenfeld）说，当人们辨识这些刺激时，他们会自动发射一种叫“P300”的特殊脑电波，这是EEG可以检测到的。从理论上说，无论嫌疑人如何否认他的罪行，他的P300脑电波都会吐露真相。这种技术有时候被称为“犯罪知情”测验。

不过，如今人们更愿意将焦点放在fMRI上，就如同80年前测谎仪刚面世时所受到的追捧。fMRI发明于20世纪90年代早期，主要是用来了解大脑如何运作的研究工具。这项技术让我们看到大脑运作时的影像，在着迷于图像的年代，吸引了许多人的注意。fMRI确实是一个革命性的技术，如今这项技术已经被应用于神经科学的领域。

执行fMRI扫描时，受试者必须躺进一台机器，就像躺在了一块有强大吸力的磁铁上。在扫描的过程中，受试者会被要求执行一些不同的任务，像是听音乐、回答问题或对着屏幕上的影像进行按钮反应测试。当他们执行这些任务时，fMRI能够探测到大脑哪个区域的活动量更大——当神经被激活时，会消耗较多的氧气，促使带氧的血液补充到活动的区域，并引起某些区域的磁场扭曲，由此被机器发现，并将活动转化为图像，供专家们参考（虽然，用图像进行对比分析的方法经常引起争议）。这个过程既精细又复杂，但结果却简单得令人惊讶：大脑中有高度神经活动的区域，会显像成明亮的色斑。用fMRI来测谎，其理论依据在于，由说谎引发的额外认知活动会导致神经发生变化，所以能被追踪到，当受试者在某个问题上说谎时，谎言——更准确地说是在他们说谎的那一刻——会被红色与蓝色的标记标出。

美国当年的“9·11”事件发生后，五角大楼的国防学院曾经是测谎技术研究机构的最大客户。如今也有许多人留意到这项技术在民间的潜在商机。有人建议，学校应该使用扫描器来调查剽窃案，机场应该要求旅客和他们的行李一起被扫描，雇主也可以用这种新方法测试那些应聘的人，而移民官在检查旅客护照的同时，也能了解到他们的真实想法。据说，至少有两家美国公司——西普霍斯（Cephos）和无谎言核磁共振成像（no lie MRI）已经将fMRI出售供个人使用，以证明他们的无辜，或是供他们判断嫁娶对象是否可靠。另外，他们也努力游说国会，让fMRI的测谎结果作为法庭上的呈堂证据，由此法律学者和道德学家们展开了热议：如果大脑扫描的结果能够成为证据，那么它们该被归类为DNA样本之类的证据，还是被归类成证词呢？

EEG和fMRI在实验室中都产生了让人兴奋的结果。宾夕法尼亚大学的鲁宾·格尔（Ruben Gur）教授也在研究fMRI测谎仪，他让我看了他的扫描机在“真”和“假”答案间显示的相当鲜明的脑部活动差异。不过，要证实这类测验是否真的比人类的判断更为可靠，还有很长的路要走。EEG或fMRI目前都没有办法在真实世界中更有力地证明自己比人类更可靠，因为有太多复杂的因素会干扰结果。例如，嫌犯在犯罪时服药过多或酗酒，无法回想太多的事实，犯罪知情测验无疑就不准确。另一个问题是，测验需要被测者完全地配合，即使是躺在fMRI机器中，如果受试者在测验时移动头部，出来的数据也会受到影响。而且，如果回忆需要耗费心力，或是会引发痛苦，fMRI是否能够区别谎言与痛苦这两种同样异常的脑电波呢？更何况，如果在连受试者自己都不知道说的是真话还是假话的情况下受试呢？

※ ※ ※

1997年7月8日，美国海军军官比尔·博斯科（Bill Bosko）在执行完一个星期的海上任务后，回到他位于弗吉尼亚诺福克（Norfolk, Virginia）的家，发现他的新婚妻子米歇尔横死在卧室里。她生前曾被强奸，身上也有多处伤痕。米歇尔当时才19岁，是从家里偷跑出来嫁给比尔的。

不久，警方就逮捕了比尔的同事丹尼尔·威廉姆斯（Danial Williams），他就住在比尔家对面。经过8个小时的审讯，威廉姆斯承认自己强奸并谋杀了米歇尔，他告诉警方人员，自己在强奸她之前还对她拳打脚踢了一番。之后，威廉姆斯又陆续供出了其他几名同党，包括他的室友约瑟夫·迪克（Joseph Dick）以及另外两名士兵——德里克·泰斯（Derek Tice）和埃里克·威尔逊（Eric Wilson）。这三名男子在审讯过程中相继招认，似乎期望凭借较好的认罪态度减轻判罚。迪克还向受害者家属道歉："我知道我不应该这么做。我也不知道那天晚上我在想什么、着了什么魔。"在审判结果出来前，他这样对法官说（事后，他被判两项终身监禁）。

然而，这桩案件并没有这么简单。令人困惑的是，调查人员一直没有在现场发现这些嫌犯的DNA或指纹。就在大家等候审判时，有一位已经被定罪的强奸犯奥马尔·巴拉德（Omar Ballard）写信给他的朋友，宣称自己才是杀害米歇尔的凶手。警方随即取得了他的DNA，证实与谋杀现场发现的DNA吻合（后来，巴拉德在法庭中认罪，并且说他是独立犯案）。虽然案情有了新的进展，但诺福克的警方和检察官仍然继续对泰斯、迪克、威尔逊和威廉姆斯进行了审判。在判定他们有罪后，民众对于正义是否得以伸张、是否处理得当，存有非常大的疑虑。2005年，有个名为"无辜计划"的非营利组织成立了"诺福克4人组"，要求还这些被错误定罪的男子清白，小组成员包括法律专家及法医专家。

当FBI（Federal Bureau of Investigation，美国联邦调查局）老将拉里·史密斯（Larry Smith）首次接触这起案件的资料时，他倾向于诺福克警察的判断。毕竟，那4个人如果没犯罪的话，干吗要认罪呢？何况是这样的滔天大罪！但随着越来越深入的调查和了解，他坚信他们是无辜的，因为现场并未发现这些认罪者的生理证据，而且他们的背景也很难让人相信他们会丧心病狂到这种地步。所有定罪的证据完全取决于他们的自白书，而自白书则来自警方的诱骗和威胁，充满了矛盾与不合理之处[①]。“自首不应该意味着调查结束，”史密斯告诉《时代》杂志，“一切要靠证据说话。”

在这个案例中，所有事实都和陪审团的结论完全不同。史密斯和另外25位前中情局探员写信给弗吉尼亚州的州长蒂姆·凯恩（Tim Kaine），要求他赦免这4个人。“在极其罕见的案例中，”他们在信中写道，“‘有力’的审讯办法会导致错误的自首。”凯恩在卸任前，对3名仍被关押的罪犯进行了有条件的赦免（威尔逊因为只参与了强奸，在服刑8年后已经获释）。他们可以离开监狱，但仍然只是被假释，且已经留有“性犯罪”的案底[②]。史密斯觉得，这不是他想要的结果。“我们想要的是翻案，还他们清白。”2008年，他在某电台节目中说道，“我们只有这个要求。”

许多人和史密斯一样，对这些年轻人是否犯罪将信将疑，谁会无故揽下自己完全没有犯过的罪行呢？索尔·卡斯恩（Saul Kassin）是纽约约翰杰伊刑事司法学院（John Jay College of Criminal Justice）的心理学教授，也是研究假口供的心理专家。他在每场演讲中，总会留意到听众的相同反应：“我绝对不会那样做，我绝对不会承认我没有做过的事。”他说，法官在法庭上也运用了同样的逻辑，自首本身就是一个非常有力的证据。他分析的数百个案件都显示，只要有自首行为，被定罪的可能

① 相反，警方对巴拉德的讯问简短、随意，并且完全没有使用对那4个人使用过的高压讯问技巧。不同于其他4个人的自白，巴拉德的证词与犯罪现场已知的事实，以及警方未曾揭露的可证实的细节完全吻合。

② 米歇尔的父母在看过自白书后，一直相信这些被定罪的人是罪犯，因此对于有条件的赦免表示愤怒。

性就大大提高，即使陪审团相信疑犯可能是被胁迫的。“老实说，在听到嫌疑人有自首行为后，我不认为陪审团还能够保持中立，”卡斯恩说，“他们一定会将他定罪。”

在还未进入法庭前，自首行为就已经削弱了其他证据的重要性，足以影响到之后的审判结果了。在卡斯恩和他的同事——心理学家丽莎·哈塞尔（Lisa Hasel）进行的实验中，学生们受邀参与一个他们以为是“说服技巧”的研究项目。丽莎告诉受试者，她必须离开房间去拿些补充材料，要求他们在房间里等她回来。当丽莎离开后，另一个人走进房间，拿走了丽莎放在桌上的笔记本电脑，而学生们目睹本次“失窃事件”的时间长达30秒。

当丽莎回到房间后，她假装对失窃事件非常震惊。受试者忽然发现，自己目击了一起犯罪事件。他们被要求在6位嫌疑人中指认小偷（然而，小偷并没有在其中）。有些人指认了，有些人没有。两天后，他们又被邀请回来接受询问。不同的受试者得到关于自首的不同信息，而他们后续的反应显示出，这些信息能够大幅度影响一个人的判断。一开始指认小偷的受试者，听说其他没被指认的人招认了后，有60%都改变了主意；那些原本未能指认小偷的受试者，当知道有一位嫌犯招认时，也有一半改变了主意，“认出”了招认的人就是小偷；而另一些受试者，当被告知其指认的小偷（并非是真的）已经招供了时，立刻对自己的记忆力洋洋得意。似乎就在谜底揭开的一瞬间，所有的人对失窃案的记忆都清晰了起来，先前那些模糊的细节也都被准确地定格了。

如果连亲眼所见的事实都这么容易受到影响，那么我们就只好相信科学的证据了，是吗？2006年，伦敦大学的认知心理学家伊蒂尔·德罗尔（Itiel Dror）给6位指纹专家一组指纹，要求他们裁定指纹是否配对。在做出判断后，专家们又得到新的消息：指纹来自已经招认的罪犯或是来自正被警察扣押的嫌疑人。其中4位专家基于这个信息，改变了他们先前的判断。

自首行为是最有力的证据，但我们知道，它们有可能是错误的。DNA证据的开创已经帮助“无辜计划”中的250个被迫自首的人重获自由——这大约占所有自首人数的1/4。不过，对少数人来说，承认自己没犯过的罪行是一种获得注意力和声誉的方法：1932年，就有上百人承认自己绑架了飞行员查尔斯·林德伯格（Charles Lindbergh）的儿子。

然而，多数做出假口供的人都是迫于警方审讯时的强势压力。警方因为承办备受关注的案件而承受了巨大的心理压力，所以都急于并善于让嫌犯认罪。警方可能会承诺，嫌犯认罪就可以获得宽恕；也可能用更严重的惩罚来威胁嫌犯，就像“诺福克4人组”案例那样。如果一位胆小的嫌疑人觉得被定罪是无可避免的，似乎招认就成为了他“两害相权取其轻”的办法。

fMRI的拥护者可能会说，如果能用fMRI测谎的话，就能够辨别嫌犯的不实故事，但即便迪克已经接受了所有测谎仪的测试，结果也有可能被视为是其犯罪的证据。为了弄清原因，我们必须知道记忆如何骗人。

※ ※ ※

在20世纪80年代，心理学家伊丽莎白·洛夫特斯（Elizabeth Loftus）

站在陪审团面前解释，一位聪明、神智正常且值得信任的人发誓自己记得些什么，却不代表他记得的事曾经发生过。

在洛夫特斯早期发表的研究论文中，有一篇是由交通部赞助的关于车祸的研究。她让受试者观看车祸的录影带，然后询问他们相同的问题，只是使用了不同的动词。她要求受试者回忆，影片中的车速有多快，如果她用“车子冲撞在一起时”和“车子蹭到一起时”两种问句，受试者对前者评估的车速会远高过后者，她的问法误导了受试者。

洛夫特斯想要传达的是，记忆是信息储存的形式，但我们的直觉对记忆的看法错得很离谱，而这些错误已经对司法系统的运作造成了很大的影响。在目击者证词可信度的调查中，她让受试者观看一起在一个拥挤的小镇广场上发生的杀人事件，再让受试者阅读一些关于此事件的书面资料——这些资料会干扰他们在影片中已经看到的内容。一辆关键性的蓝色车辆被说成是白色的，一个没留胡须的人被说成是满脸大胡子的家伙。之后，那些被误导的人都确信他们看到了白色的车子和一个满脸胡须的家伙。

辩方律师得知了洛夫特斯的研究，邀请她担任专家证人。辩方律师经常需要破坏陪审团对于证人的信心，但讯问方式又不能对证人的可信度进行攻击。辩方律师要让陪审团知道，证人会如何被警方的调查结果所左右，因为警方经常给证人一些建议，而这些建议会在事后的记忆中占有一定的分量——“你看到的是蓝色的车子吗？”“那个人是不是穿了灰色的夹克？”“是这个家伙吗？”

在20世纪80年代晚期，北美法庭出现了许多儿时受虐的案例，媒体也广为报道，而那些施虐的对象，经常是自己的家人。儿时受虐的记忆经常被意识所压抑，唯有在密集的治疗中才会浮现出来。许多心理治疗师都抱着虔诚的态度执行他们的任务，从病人的心灵深处挖掘出这类记忆。病人们常被告知他们现在的不快乐可能是因为受虐的记忆长期被压抑，在一系列的治疗后，经常在被催眠的状态下，他们才能够恢复受侵犯的记忆。但洛夫特斯强烈怀疑，许多"被恢复"的记忆是错误的，即便那些声称自己受害的人能举出很多证据来。

1995年，洛夫特斯招募了24位参与者，告诉他们在他们小时候发生过的4件事，其中3件事是洛夫特斯和她的同事们从参与者的亲戚那儿收集来的，而另外一件事却是洛夫特斯虚构的、很具说服力的故事（这个故事也和当事人的亲戚们反复确认它们从来就没有发生过）。这个故事是：受试者小时候同父母外出时，在购物中心走失了，并被一位善心人士送回。一位在华盛顿州长大的20岁的越裔美国女子的记忆就被插入了这样的一段：

你与妈妈及姐妹田、囤一起到K超市去。那时你大概5岁，你妈妈给了你一些零钱去买蓝莓冰。你去排队，结果在超市里迷了路。田发现你时，你正对着一位中国老妇人哭诉，后来你们3个人还一起买了冰激凌。

受试者被要求写下自己能记起的是哪件事，以及能想起来的具体细节。之后的一周内，他们被测试了两次，并慢慢勾起了对那4件事的记忆（当然包括那个虚构的故事）。当他们被告知其中有一件事不曾发生，并要求他们指认是哪一件事时，有5个人宣称"在购物中心迷路"是真实的，甚至还想起了许多洛夫特斯并没有提及的细节。一位参与者甚至这样描述那个拯救他的人："他穿了蓝色的绒布衣……有点儿秃头。头发有点儿灰白，戴了副眼镜。"**我们的记忆中有盲点，我们也准备去制造或虚构新的记忆**。越裔美籍女子清晰地记得自己在K超市的光滑过道上奔跑。另一位参与者在研究结束、一切真相大白之际，仍旧难以相信这个事件是虚构的，甚至打电话向父母求证。

由于受到伊丽莎白·洛夫特斯的启发，研究者们用了许多方式证实，我们的记忆所具有的可塑性①。在一系列大胆的实验中，受试者在被诱导后，误以为自己曾经在婚礼上将鸡尾酒洒在新娘父母的身上；还曾经搭热气球旅行；曾经被凶猛的动物攻击；几乎溺毙；曾经目击过撒旦仪式（撒旦教的一种仪式。撒旦教是指以撒旦为信仰中心的教派。由于撒旦自中古世纪以来就是邪恶的化身，因此此宗教争议颇大，被大多数人认为是为邪教）。

洛夫特斯和她的科学家同事们利用温和且微妙的技术来植入记忆。她的参与者都不曾被过度交谈，不曾被催眠，或面临警方讯问犯人时那种激烈、凶狠的压力，却仍然杜撰了记忆。可想而知，万一遭受到那些压力，记忆更容易被篡改。

※ ※ ※

在"诺福克4人组"受审时，理查德·奥谢（Richard Ofshe）博士是专家证人之一，这位来自加利福尼亚大学的社会科学家也是洛夫特

① 因为公开质疑恢复记忆的现象，洛夫特斯成为人们嘲笑甚至憎恨的对象，她甚至还受到过生命安全的威胁，有一阵子她公开演讲时，甚至需要全副武装的保镖来保护。

斯的朋友。好几年前，奥谢曾经进行过一项堪称“戏剧化记忆研究之最”的实验，当时他协助检察官调查一名被指控对亲生女儿施行性侵犯的男子。

保罗·英格拉姆（Paul Ingram）是华盛顿州奥林匹亚人，他可以说是全社区最正直的人士。43岁的他有2个女儿和3个儿子，担任瑟斯顿郡（Thurston County）的副警长，同时也是当地共和党的主席。英格拉姆是一个高大的男子，戴了一副很大的眼镜，留着棕色的小胡子，他非常重视权威，奉公守法，而且是虔诚的基督徒。他和家人在一个名叫“生命之水”的教会里十分活跃。生命之水教会是基督教教会，信徒们都有狂热的宗教信仰，例如他们会把手放在病人身上，用言语为他们祈福。在工作方面，英格拉姆表现得铁面无私，不过，不论给谁开罚单，他都以礼相待。

1988年，英格拉姆时值21岁的二女儿埃丽卡（Ericka）参加一个名为“心对心”的教会小组，这个小组的目的是让年龄稍大的女孩们进行静修。这次的活动请来的明星讲者是卡尔拉·弗兰克（Karla Franko），这位加利福尼亚州来的女讲师在加入教会前曾经是一名演员和脱口秀表演者。在女孩们眼中，她是个美丽又充满魅力的明星。因为被粉丝追捧、被媒体鼓吹，弗兰克相信自己拥有上帝所赋予的疗愈力和圣灵法眼，她在小组中组织充满情绪性的聚会，说可以释放女孩们的痛苦记忆，帮助她们解决深层次的恐惧。

在小组活动结束后，大家坐上专车准备返回教会。当弗兰克经过埃丽卡身边时，看到她正坐在会议中心的台阶上啜泣。几个朋友围绕着她，但都不知道她为什么难过。弗兰克为她祈祷时，感觉到上帝给了她一些关于埃丽卡面临的困境的线索。“你在小时候曾经受虐，还被性侵犯过。”女讲师这样告诉埃丽卡。当她继续哭泣时，弗兰克又“接收到”另外一个重要的提示，她告诉埃丽卡，她的父亲正是施虐者。埃丽卡听到这里时，已经被吓傻了。

在活动结束后不久，埃丽卡和她18岁的妹妹茱丽就搬出了父母家。6个星期后，她告诉母亲自己曾被父亲多次性侵犯。埃丽卡的母亲姗蒂立刻控告了她的丈夫，茱丽也和姐姐站在同一战线上，宣称自己被父亲调戏过，而英格拉姆完全不知道这个罪名从何而来。不久以后，英格拉姆就被逮捕了。

20世纪80年代，“记忆恢复症候群”的概念在美国引发了关注热潮。正统的基督教会对此曾提出严厉警告，认为魔鬼会降临人间，将会有一种潜在的、不可预期的力量，拆散家庭、分裂社会。法庭中基于这类记忆成立的案件，充斥在当地报纸的头版头条上，而这类故事的共同特点都是与撒旦仪式有关。许多小城的居民也开始怀疑，在自己社区的平静表象下，是否也暗潮汹涌。

这绝对不是美国独有的现象。1990年，9位来自奥克尼岛的孩子自称半夜在家中被绑架，并被送上了飞往苏格兰内陆的飞机。后来，在社会义工的“帮助”下，他们又揭发了一个撒旦崇拜式的恋童癖集团，而唯一的证据只是孩子们当初给出的证词。后来，翻案的法官认为，孩子们在经受交叉质询的压力下，会容易说出不实的话。在20世纪80年代晚期至90年代早期，克利夫兰（Cleveland）、诺丁汉（Nottinghamshire）、洛奇代尔（Rochdale）、毕晓普奥克兰（Bishop Auckland）和埃尔郡（Ayrshire）有上百名儿童因为同样的理由离开他们的原生家庭。社工人员“恢复”的儿童们的记忆包括被迫吃大便、饮血以及跟蒙着头巾的成人性交，但没有任何证据可以支撑这些指控案件的成立。

在与探员面谈后，埃丽卡和茱丽又补充了她们的故事。关于被虐待，她们的说辞非常不一致，而且反复无常。例如，茱丽告诉她的母亲，英格拉姆最后一次侵犯她是在5年前，但在警方告诉她关于法律时效的规定后，她又记起自己最后一次被侵犯是3年前的事。经过了好几个月，她们被许多充满同情心的律师、探员和治疗师再三讯问后，对于性侵犯的记忆越来越鲜明、她们想起更多的细节，其中也不乏一些俗气又怪诞的内容。埃丽卡说有一大群撒旦崇拜者，包括许多社区中的知名人士，他们穿着绿色的袍子，聚集在谷仓和没有人的教会中，围着篝火念咒语，还有女祭司用兔子活祭。兔子还被钉在地板上。埃丽卡说，她16岁时怀着5个月的身孕，由撒旦帮她堕胎。胎儿被取出来时还活着，他们把胎儿放在她身上，将它切成了细段，并被聚会的会员分着吃了。警察们开始质疑女孩们越来越离奇的指控，因为这些指控完全没有具体的证据，却花费了警方大量的人力和财力①。但让起诉案仍然成立的原因，是英格拉姆的自首。

英格拉姆被捕后，承受了巨大的心理压力。最初与调查人员交谈

① 调查英格拉姆的案子一共花费了75万美元。警方出动了夜间直升机巡逻队寻找邪教聚会的营队，但唯一发现的只是一些被巡逻队吓坏了的酗酒的年轻学生。医生也检查了英格拉姆的女儿们，以寻找被施暴的证据，但一无所获。法医兼考古学家马克·帕柏沃斯（Mark Papworth）也前来协助找寻死婴的骸骨，但几经挖掘之后，在女孩们提供的埋葬地点只找到麋鹿的骨头。帕柏沃斯告诉一名警探：“没有证据，一无所获。”警探则反问他：“如果你是撒旦，你会留下证据吗？”

时，他否认了所有的指控，但逮捕他的警察——英格拉姆的同事，同时也是他最信任的人——对他施压，并要他想一下，自己的女儿难道会撒那样的谎吗？英格拉姆对自己记忆力和人格的信任逐渐被击溃。在几个小时的审讯后，他还是不记得自己曾经犯下过任何罪行，但他表示自己有可能忘记了。就像警察所言，他也不认为女儿会对这种事撒谎，他宁可相信是自己的错。“我也许有连自己都不知道的黑暗面。”他说。

英格拉姆被关在终日都开着灯（他受到自杀防治监控）的牢房中长达6个月。在此期间，英格拉姆不曾与任何指控他的人接触，并由可信赖的前同事侦讯，但这些同事们似乎都相信，英格拉姆的确犯下了那些罪行，并将罪行一一化为了图像式的细节。警方的心理学家告诉他，他可能在潜意识中压抑了对自己所作所为的记忆，并让他接受催眠，以“恢复”被他隐藏起来的记忆。同时，警方安排的牧师前来敦促他认罪，并将他的困境形容成是“精神的困境”，用一种让英格拉姆感动又恐惧的方式劝说道：“你还有机会在上帝和撒旦中做出选择，这可是你最后的机会了。”

不久以后，英格拉姆开始认罪。在漫长的审讯之后，他得知自己被指控的是一项特别的罪名，要他回牢房“好好祈祷”，这使得他陷入了一种精神恍惚的状态。不久之后，他用一种梦呓似的声音平静地描述自己的罪行，却用了怀疑和不肯定的论述方式：“我应该会脱下她的底裤或解开了她的睡衣纽扣……”他在第一次招供时这样说道。说得越多，他记起的内容就越详尽，他还描述自己参与了撒旦仪式，包括切除一只活猫的心脏。他甚至招认1983年的西雅图妓女谋杀案也是他干的，并把自己描述成了连环杀手（西雅图警方后来发现，英格拉姆提供的证词完全不值得被进一步调查）。麻烦的是，英格拉姆的证词不断与他女儿的证词以及其他的证供相抵触。

为了有助于这个案件的成立，警方请来了邪教和心灵控制方面的专家：奥谢。这位耀眼的男人有着炫目的灰头发和白胡子，在学术圈中向来以傲慢、固执和聪明而著称。奥林匹亚的警方从机场接到他后，就向他描述了这个案子的神秘性：缺乏直接证据、情节矛盾、女孩们的那些令人困惑的证词，以及英格拉姆的记忆——在平淡无奇的影像中添加了莫名其妙而生动的血腥细节。这些描述打动了奥谢。很凑巧的是，他也对暴力审讯诱导无辜民众认罪的现象很感兴趣。一与英格拉姆面谈，奥谢就发现了他充满着困惑，甚至绝望地帮助着讯问者，并试图让他的女儿们不再承受更多的痛苦，因此他虚构了自己犯罪的错误记忆。奥谢当场就用了一个大胆的方式来测试他的假设。

“我跟你的儿子们和其中的一位女儿谈过，他们告诉了我一件事情。”奥谢对英格拉姆说。这让警方非常错愕，他们不知道奥谢何时跟英格拉姆的家人们交谈过。奥谢告诉英格拉姆，他已被指控曾经强迫儿子和女儿性交，自己则在旁边观看（英格拉姆的孩子们不曾说过这样的事，事后也证实绝无此事）。他传递给英格拉姆一些有关这个虚构事件的暗示性的细节——就像在先前的审讯中那样——并且问英格拉姆，是否真有此事。一开始英格拉姆否认，但奥谢要求他再想想看，并试着将那个场景视觉化。英格拉姆闭上眼睛，过了几分钟，他宣称记忆开始恢复了。奥谢让他回牢房继续好好地祈祷。第二天，英格拉姆甚至提交了3页的自白书给奥谢，描述了这个莫须有事件的全部细节，甚至还提供了完整的对话。

“恢复记忆症候群”这个概念最初是由弗洛伊德提出的，它指的是潜意识压抑住了对太过可怕事件的记忆，并且有意不让它们进入意识。弗洛伊德后来放弃了这个理论，因为他相信这类压抑很可能与被禁忌的幻想及愿望有关，而非真实事件。他已经意识到了这个理论致命的缺点。以下短文摘自他在1899年所著的文章，当时的他正在参与有关记忆本质的研究工作：

我们是否对童年拥有记忆，这是个值得深究的问题：与童年有关的记忆也许就是我们的所有。我们对于童年的记忆并不是当初真实的情况，而是当记忆被唤醒时，它们所呈现出来的样貌。在那些被唤醒的阶段中，童年记忆并不像人们通常说的那样，是浮现出来的，而是在被唤醒的一瞬间才形成的。

这段对于童年记忆的描述与洛夫特斯的实验证据相符，同时也符合许多现代神经科学的发现。“记得”是一个创造和重构的行为，而不是单纯的重播。记忆每一次被唤醒时，都会重新组合一次。在这个过程中，还会混合其他的东西，例如我们自身的焦虑、欲望和想象。就像神经学家安东尼奥·达马西奥（Antonio Damasio）所言，大脑内没有“复印文件”。

奥谢告诉英格拉姆，上述的那个情节是他捏造的，但英格拉姆仍旧认罪，并没有因此而动摇。奥谢写了份报告给法庭，强烈质疑英格拉姆的认罪是被设计的，但这份报告已经来不及改变审判结果了。虽然大多数旁观者都越来越清楚，对英格拉姆的指控缺少真实证据，但他仍然承认了6个三级强奸罪。奥谢恳求英格拉姆上诉，但英格拉姆不为所动。几个月后，审讯结束，英格拉姆被送往其他监狱。此时，英格拉姆才清醒过来，他意识到自己所说的话完全不是基于真实的记忆，但为时已晚。他已经被定了罪，并被判了20年的监禁。虽然上诉多次，而且还有奥谢、洛夫特斯以及其他人的证词，再加上某个团体的支持，都争取到了法庭对英格拉姆罪案的重新裁定，但他仍然被判10多年的监禁。一旦认罪，几乎就没有撤罪的可能。

※ ※ ※

长期以来，我们都梦想科技能够让我们穿越人类行为的迷雾和那些令人困惑的不确定性，直接看到真相。**测谎仪刚出现时，我们把身体当成证据，以为真相在大脑里。但事实上，真相并没有居住在人体内——真相分散在事件之中，唯有收集证据，并从不同角度组合它们，才能得见真相。基于这样的理解，即便事情是发生在自己身上，我们也不见得就是完全值得信赖的证人。**

有些法律学者提出了合理的论证，认为即便fMRI测谎仪不能被完全信赖，但测验结果仍然应该被法庭采纳。毕竟，像证人的证词或间接证据这些不可信赖的证据，也经常被律师搜集起来。就像某位学者所说的："虽然微小的证据对科学家而言还不够好，但应用在法律方面，却已经足够。"但fMRI测谎仪还不同于证词或证人，它的结果有可能被过度信赖——陪审团在面对此类证据时，会被“有罪论”所左右。或许我们都太向往有真话机器这种东西，以至于我们无法让它成真。

“在我的脑海中，我不认为自己在说谎。”在承认犯下米歇尔谋杀案的很久之后，迪克这样说，“我相信我说的都是实话。”对此，我们还是难以相信，会有人误以为自己犯下了完全没有犯过的罪行。这也许可以说明，我们自我欺骗的能力要比我们想象中强大得多。

第六章　说谎的我，被骗的我：

为什么我们被设计成会欺骗自己

BORN LIARS

Why We Can't Live Without Deceit

人们总是努力地想避免认知失调，以维持对自己的好印象……一般来说，改变自己的信念并不困难。当被指出我们对于某些事的判断出错的时候，在改变自己的心意前，我们会先做其他方面的努力——找理由、怪别人、否认事情的重要性等。

因为发现海难的部分事实，我渐渐接近真相：那个男人不是一个人，而是真真实实的两个人。我说两个，是因为我的知识未能超越那个点。也许其他人会继续发现下去，还会发现得比我多；但我也惊恐地猜测出，那个男人最终会被认为不过是个多面、不协调又单独的个体。

——罗伯特·路易斯·史蒂文森

（Robert Louis Stevenson），《化身博士》

想象我用眼罩把你的眼睛蒙住，带你走进一个有骆驼、雨伞和仙人掌的奇怪房间。一旦你的眼罩被摘下，你立刻会知道这个房间的尺寸、形状以及里面存在的东西。一开始你也许会误将骆驼当成山羊，但你会犯的错误顶多就是这样。你也许会好奇自己为什么会在这里，但你不会花任何心思去猜测这里是什么地方。你只是四处张望。

但假如你的眼罩被摘下时，看到的是你眼睛所见之物的录影，你一定会感到震惊。这有点儿像《女巫布莱尔》（*The Blair Witch Project*）的盗版（美国恐怖电影，讲述了一群进入森林探秘而意外失踪的大学生的故事。一年后他们拍摄的录影带被人发现，电影就以这些录影带为线索，交代了他们的下落），有人弄洒了啤酒，然后被吸进烤面包的火炉里，摇摇欲坠、模模糊糊。事实上，应该说是两部盗版DVD，每一部的内容都有一点儿不同：如果你遮住一只眼睛，然后很快将手换到另外一只眼睛上，你会发现每一只眼睛都有不同的视野。就算你有很好的视力，你也只能看见一幅图画中间一小部分的细节和色彩，往左边一点儿或往右边一点儿，屏幕就忽然失去了清析度，变得模糊。

我们想当然地认为心智就像是一面有光线打在上面的镜子，能够单纯地照出世界本来的样子。有很长一段时间，哲学家和科学家都是这种观点。但在18世纪晚期，康德认为，我们的眼睛和耳朵从受到刺激到被觉察之前，有一个时间差；虽然我们认识世界时必须依赖感官，但要让知觉产生，仍需内在的心智来为这些泛滥且杂乱的感官信息定义。科学家们花了一段时间才跟上康德的脚步；一直到20世纪，传统的生理学还认为视觉印象只落在视神经上。弗洛伊德怀疑，接收感官信号的功能不同于辨认信号的功能，虽然他在说这话时还没有具体的证据。现在我们知道，大脑的确干了许多活儿，才让真实世界变得可以理解——**我们的眼睛扫描的世界和我们看到的世界截然不同**。正如神经科学家大卫·伊格曼（David Eagleman）所言，**你的大脑“为你构建故事”**。**从某种意义上来说，在你睁开眼睛的一瞬间，欺骗就开始干活了。**

当眼罩拿掉以后，大量的认知活动开始流畅地进行，大脑会毫无偏差地整合两只眼睛的视野。落在视网膜上的影像是二维的，第三维是后来才增加的。**两只眼睛都有盲点，是大脑把盲点中的资料补足的**（这类似布置家具时遇到的问题：视神经与视网膜连接的地方会占据视觉接收器的可用空间）。我们的眼睛没有足够的接收器来捕捉整个场景，所以当它们试图对焦房间的每个部位时，瞳孔会狂乱地跳动，这样的动作被称为“扫视（saccade）”。不过你接收到的却是连续的、一致的景象。认知科学家为这个现象取了个抒情的名字“扫视时的虚构（confabulation across saccades）”。

大脑不只是整理感官接收的记录，它的工作其实更具创造性。亚利桑那州红雀队的拉里·菲茨杰拉德（Larry Fitzgerald）是美国橄榄球联赛最好的守门员之一。作为一名接球者，他最重要的工作就是拦截飞过来的球，他总是展现出如特技演员一般的敏捷性，而且能够完美地掌握时机，即便双眼紧闭，他仍有完美的演出。捕捉菲茨杰拉德拦球那一瞬间镜头的摄影师发现，他在拦截橄榄球时，眼睛根本没看着球。许多怀着敬畏心情看待这种能力的球迷都百思不解，教练不是都说好的球员要随时盯着球吗？这连菲茨杰拉德自己也无法解释。

琼·维克斯（Joan Vickers）是一位专门研究运动员眼球运动的认知科学家，他假设菲茨杰拉德运用的能力是“预先控制”，这是一种大家都有的能力，只是菲茨杰拉德在多年的赛事训练下比我们更专业。当橄榄球迎面而来时，他的下意识立即从过去多年的比赛和观察中揪出了相关记忆。当菲茨杰拉德还在青少年时期时，就曾经担任过6个赛季的球童，维克斯认为，菲茨杰拉德亲眼见过的这几千次的传球，让他累积了其他球员需要好几年才能累积出的重要记忆。通过比较眼前的情形与过去所有对传球的记忆，菲茨杰拉德的大脑会显示出球的运行轨迹，从而让他能在适当的位置拦截到球，而不用依赖眼睛去看[①]。

① 为什么菲茨杰拉德不看球会比较好？认知心理学家马克·逸梓认为，从球表面的光线反射到菲茨杰拉德的眼睛，再到大脑接收到这个信息的过程中，有1/10秒的时差。在球和人都快速移动的情况下，1/10秒是很长的时间。如果菲茨杰拉德等待大脑接收信息后再做出反应，球早就飞走了。因此他闭上眼睛，在那1/10秒中利用既有经验进行了“猜测”。

看起来菲茨杰拉德惊人的技巧很不可思议，但实际上，他运用的是大家都具备的大脑功能。用认知神经学家克里斯·弗里思（Chris Frith）的话来说，大脑会“主动地绘制世界图像”。它不会用“第一次遇见”的方式去解释所有的新事物，而是会在一连串运作中的假设去推论，椅子像什么？或是这个人像谁？以及橄榄球会落在哪里？然后对我们眼前的东西做出预测，且是最佳的预测。大脑会将它的期待与新接收到的信息加以比对，检查错误并加以修正。用弗里思的话来说，我们看到的事物是“与现实碰撞及幻想”的结果。

我们那个主动、喜欢干涉的认知系统在大多数时间内都运行良好——它也一定要如此，不然我们就活不下去了。当然，大脑也有可能会被愚弄。认知心理学家古斯塔夫·库恩（Gustav Kuhn）让人们观看魔术师将球变不见的录像，并记录人类观看时的眼球运动。在戏法中，魔术师将一颗球直直地抛向天空，然后又数次接住了它。在最后一次抛掷时，他假装把球往上抛，其实是把球藏在了自己的手里。在他假装抛球时，眼睛还望向天空，好像是看着球被吸入了稀薄的空气中似的。这个细节非常重要。而有一半的观众看的是第二个版本：魔术师在最后一抛的时候，不是看向空中，而是看着自己的手。看这个版本录像的大多数观众，都发现了这个魔术的秘密。而在第一个版本中，由于魔术师头部和眼睛的移动，让观众被错觉误导了。这些观众都说，他们真的看到那颗球离开了屏幕的顶端，然而追踪眼球运动的分析家则发现，在最后一次欺骗性的抛掷时，这部分观众的眼睛并未移动到屏幕的顶端，而是固定在球上。换句话说，他们强烈地想要知道球的去处，以至于产生了幻觉。

数千年来，魔术师、杂耍者和艺术家们都善于利用我们的期待来变把戏。然而，这些舞台上布置着的巴特农神庙（雅典卫城最重要的主体建筑）式的巨柱不是笔直的，而是弯曲的；它的建筑师知道这是取得“直线效果”唯一的方法。**当魔术师利用欺骗的手法误导我们时，他们操弄的是我们的注意力，而非我们关注的焦点。**当大脑把我们的注意力导向错误的方向、藐视感知时，这些干扰偶尔会引发灾难。在众多次能见度高又没有机械故障的情况下，司机和飞行员却撞上了非常明显的障碍物，就是源于这个原因。在模拟飞行的实验中，飞行员被要求降落一架波音747飞机。在某几次操作中，其他小飞机的影像毫无征兆地重叠在跑道上，8位飞行员中，有两位轻率地选择了降落，仿佛跑道已经被清空了。

※　※　※

我们的身体也会受骗。虽然我们很少察觉，但其实我们不断地驾驭身体所在位置的信息，并在下意识中做出判断。当你举起你的左手，你会将重心稍稍地放在右侧身体上，以便保持平衡不至于跌倒。关于我们的肌肉、关节和皮肤，我们接收到的感官回馈就是所谓的“本体感受（proprioception）”，但我们多半不知道它的存在，因为**大脑让我们的正常运动看起来像是毫不费力。我们并不知道仅仅是要直挺挺地站着或是捡起一只叉子，就要耗费巨大的心智和精力，更别提行走在拥挤的街道上，如何避免和别人相撞这么复杂的事情所要耗**

费的能量了。[①]

关于事情“何时”发生？我们在经历时也会有些错觉。如果你同时触摸鼻子和脚趾，来自脚趾的信号会比来自鼻子的信号慢大概1/10秒传到大脑，因为信号需要通过身体的神经纤维才能到达大脑。但你以为同时接触到两者，大脑会将第一个信号——来自鼻子——先保留，同时等候着另外一个信号到达。当脚趾的信号到达时，你会有一种“现在”的感觉。实际上并没有那么慢。**我们都活在一个比现实状况稍稍延迟的世界里，高个子又比矮个子的延迟状况更严重，因为他们脚趾到头部的距离更远，大脑需要更长的时间才能检测到所有到达的信号。**伊格曼提及早期的电视工程师努力让声音和影像同步时，意外发现有1/10秒的延迟，但这并不要紧，只要信号在1/10秒内到达，观众们并不会发觉，因为他们的大脑会自动同步处理信号。

我们接收到的世界信息也会因为我们的欲望而被改造。1947年，杰罗姆·布鲁纳（Jerome Bruner）和塞西尔·古德曼（Cecile Goodman）发现，孩子们会一致地认为，铜板比一样大的纸板看起来更大，铜板的货币价值影响了他们对尺寸的判断。很显然，比起富裕人家的子弟，来自穷苦人家的孩子更容易认为铜板比纸板大。在一项近期的研究中，来自纽约大学的心理学家要求学生们评估他们的所处位置与桌上水瓶间的

① 如果你失去了“第六感”，你就会痛苦地发现它们有多么重要。临床神经学家乔纳森·科尔（Jonathan Cole）曾经提到过一位病人，他在19岁时因为病毒造成神经损害，失去了所有的本体感觉。他要判断自己的身体正在做什么，都必须完全依赖意识去控制。只有看着自己的手臂或大腿，才能让它们静止不动，否则它们就会不受控制地乱动。在经过艰苦的训练后，他才能够直立站好，并慢慢地恢复正常生活。他重新学着走路、穿衣，甚至开车，这都需要对自己的身体投入极大的注意力。当然，如果注意力移转了，他就会立刻跌倒。

距离。事前，他给一部分学生吃了些椒盐饼干，让他们口渴，口渴的学生比起其他学生判断瓶子离桌子的距离时，会觉得二者更近。另一则研究显示，对我们而言，山坡看起来比实际更陡峭，当观察者是年长者、病弱者或是负重的人时，这种倾向最明显。这种自我欺骗并非只是单纯的错误判断而已。然而，让这些研究的参与者利用他们手上一个可以移动的板子（但不能看着自己的手）去形容山势陡峭的程度时，他们的判断就都是正确的。心理学家称这种现象为“所见即所想”。

柯勒律治（Coleridge）说，想象力是“所有人类知觉中的生命能量和主要媒介”。这和达尔文的想法一致——**任何对世界的观察都是推测出来的**，我们对于世界的期待和渴望往往在想象和真实之间来回摇摆。为什么大脑要这样欺骗我们？部分原因在于，大脑必须填补我们感知器官之间的信息空隙，否则，**如果没有一种自动的能力去解释和组织我们接收到的混乱信息，我们一定会被信息淹没，从而成为冲动的奴隶**。某些大脑受伤的人会不由自主地对他们看见的所有事物加以反应：如果他们看到杯子，就一定要喝那杯水；看到笔，一定要拿起来写字。弗里思所谓的“受控制的幻想（controlled fantasy）”是说，我们的大脑能够将无关的信息排除在外，协助建立对我们而言更重要的信息，所以在宴会的嘈杂声中，你还是能够清楚地听到别人叫你的名字。

对大脑而言，最重要的目标是存活，其次才是真实正确地描绘现实世界。这两个目标在大多数情况下是共存的，但并非全然如此。如果我们认为山坡比实际更陡峭，我们一般不会在攀登时发生意外；而如果我们想要的某件东西看起来比实际状况离我们更近，我们就更可能伸出手去取。

选择的骗局

1983年，加利福尼亚大学的本杰明·李贝特（Benjamin Libet）要求某实验的参与者随意摆动身体（指令是要他们“自由随兴地”活动腕关节），并要求他们注意一个设计特殊的时钟，只有在某个精确的时间点上，他们才能够动作。参与者在执行命令时，李贝特监测他们的大脑活动。他发现在人们有意识地开始行动前的好几百毫秒，大脑就已经准备好了身体的行动。人们有意识的意图其实是一种“事后的想法”[①]。我们总以为我们是经过深思熟虑后才采取行动的，但李贝特的实验以及后来的研究都发现，**大多数时候我们是先行动，然后才产生行动的理由、感觉以及动机。**

在另外一名心理学家丹尼尔·韦格纳（Daniel Wegner）设计的怪异实验中，你和你一起参与实验的同伴（其实是研究助理）坐在电脑屏幕前，将你们的手指放在一个设计特殊的、可以共用的鼠标上。屏幕上有许多图标，通过耳机会有人告诉你要把光标指到哪个图标上去。你得到指示，然后移动了鼠标。如果你在刚有想法、但尚未采取行动时，你的同伴就移动了鼠标，你会认为是你移动了鼠标，那似乎是你要做的事已经有人替你完成了（只有当你从有想法到鼠标移动的时差是在1/5秒到1秒之间或更短时，这种错觉才会存在）。

---

① 荷兰哲学家巴鲁克·斯宾诺莎（Baruch Spinoza）在其著作《伦理学》（*Ethics*）中提到，“人们相信自己是自由的，原因只是因为他们意识到自己的行动，却不曾意识到这些行动被决定的原因。”

韦格纳认为，自由意志只不过是一种知觉上的把戏罢了——一种由大脑操控的骗局，所谓意识“决定”，不过是我们用自己的故事，来解释发生在我们身上的事。虽然许多神经科学家都和韦格纳站在同一阵线上，但这种说法仍然存有许多争议。毕竟有相当多的经验证据显示，我们的大脑会下意识引导、决定我们在日常生活中的判断，而我们自己则认为那些都是我们自己干的。当你选择牙膏品牌或拒绝某位应聘者时，促使你决定的理由可能是你完全没有意识到的——你和这个品牌的关联、求职者的性别因素等原因。确定的是，你会主动给自己一个有说服力的理由：这种牙膏能够减少牙菌斑、面试者缺少经验等等。

拉尔斯·霍尔（Lars Hall）和培特·约翰逊（Petter Johansson）这两位瑞典的认知科学家设计了一个实验，借用了某位魔术师的纸牌戏法。研究者手持两张照片，每张照片上各有一张脸，要求受试者选择一张他们认为比较有吸引力的脸。研究者将两张照片正面朝下，并且在受试者面前不断交换、移动照片——但其实照片根本没有被移动。在此过程中，魔术师利用魔术的技巧，偷偷地把某张照片换掉了，也就是说，最后会有一张照片是受试者没见过的[①]。你可能以为，受试者看了一眼研究者手中的照片后，会立刻抗议说，这男人不是她刚才选择的那位（在某几次实验中，这真的发生了），但大多数时候，受试者根本就没有注意到照片已经被替换掉了。光是这一点就很有趣，然而最引人注目的是，

① 当实验的研究者手持另一张卡片（照片）时，事实上双手各有两张卡片，一张藏在另外一张后面。前面的两张卡片背面是黑色的，当受试者选择一张卡片，比如左手边的卡片时，研究者会把左手的两张卡片都朝下，然后把上面的那张卡片——新换的那张卡片——展示给受试者看。受试者并没有看到自己选择的卡片其实还朝下放在桌面上，因为它黑色的背面和黑色的桌面融为了一体。

当那些接受“错误”照片的受试者被要求说出他们选择的原因时，他们毫不迟疑地提供合理的解释：他们被吸引的原因在于那男人的眼睛、头发或体型。

另外一个经典的实验是在加拿大某公园里完成的。一名年轻的女助理拿着一份调查问卷接近公园内的年轻男士们，要求他们参加一项有关创造力的调查。在写下他们各自的答案后，她提议，也许事后他们会想要和她讨论结果，并把自己的电话号码留给了他们。研究者要统计的结果是：有多少人在事后打电话给她，并且约她出去。之后，研究者变换了调查地点——不是在平地上，而是在一座人造峡谷的吊桥上，同样还是那名女助理，同样邀请路过的年轻男士们参与调查。吊桥在风中摇摇晃晃，这些男士在受访时，一边回答问题，一边还得紧紧抓住吊桥单薄的扶手，显得刺激又紧张。让研究者感兴趣的是，哪组受访的男士更容易被女助理吸引呢？

你也许对此会感到好奇，他们在吊桥上或在平地上相遇，到底有什么差别呢？毕竟，女助理是同一个人。然而，吊桥上有65%的男士事后打电话约了女助理，平地上却只有30%的男士打了电话。原因在于：当男士们在吊桥上向女助理要电话时，大脑动用了额外的热情，使得他们的心跳加快、冒汗、呼吸急促。在某种程度上，他们清楚这些征兆是由当时所处的地理位置所导致的；但即便如此，他们还是会把这些生理反应归结为“女助理太有吸引力了”。大脑中意义构建的部分“超速传动”，对于当下发生的状况给出了过度的解释。结果，男士们极有可能告诉自己，自己迷上了那位女助理，也更有可能事后打电话给她。因此你要明白，如果你想约某个陌生人去约会，最好在你们处于危险境地时，立刻把握住机会。

就像我们对于物理世界的认知一样，我们的知觉也会和实际的状况有所偏差。这样的描述符合弗洛伊德的观点，他相信我们受到真实本质的欺骗，因为我们从根本上就在“我是谁”这件事上欺骗了自己。我们假装知道自己想要的是什么，然而，事实上我们被分裂成好几个交战的部分，每一个部分的自己想要的东西都不一样。不过，至少在偏学术研究方面的心理学界，弗洛伊德的观点在他过世后就已不再盛行。他的论证多半基于直觉，他的“下意识都和性压抑相关”的观点，仍然受到很多人的质疑。但在最近几十年，神经学家发现，弗洛伊德至少说对了两件很重要的事：**我们的心理的确是分裂的，而且我们的行动也深受复杂的心理运作的影响，这样的运作虽然在夜以继日地进行着，我们却常常没有丝毫察觉。我们都陷入一种有创意的自我欺骗之中，这样的行为让我们获得一种假象，好像我们都知道自己为什么会做正在做的事情。**

关于“我”的谎言

1960年，迈克尔·加扎尼加（Michael Gazzaniga）——这位年轻的研究生加入了伟大的神经学家罗杰·斯佩里（Roger Sperry）的实验室。对于能够在斯佩里麾下工作，加扎尼加喜出望外，因为斯佩里是第一位发现某些动物（包括人类）的大脑被分为两个系统的学者：左脑和右脑有各自不同的分工。如果你盯着空间中的某一个定点，例如你面前墙上的一个点，那个点左边的所有事物会投射在你的右脑，右边的事物则投射在左脑。每个脑半球接收的神经传导来自另外一边手脚的信号，同时也由另一只耳朵聆听声音。没有人知道为什么信号要交叉，在正常的大脑中，信息坐落的位置不会造成太大的差别，因为连接两个脑半球间的通道完好无缺。

1961年，斯佩里接到前同事神经外科医生乔·鲍格特（Joe Bogen）的电话，他告诉斯佩里，他将对一名癫痫患者进行一项激进的新手术。癫痫发作时通常先由大脑的一部分开始，然后扩展到周围神经。发作时可能波及脑部中央，造成患者失去意识、跌倒或身体不由自主地抽搐。为了抑制症状从某侧大脑扩散到另外一侧，鲍格特对患者提议切断一小束神经纤维，即连接两个脑半球的胼胝体。斯佩里派他的得意门生加扎尼加到鲍格特的实验室去，并在手术前后对患者进行某些测验。

由于没有人知道胼胝体的功能是什么，也没有人知道两个脑半球如何联系，鲍格特的提议十分冒险。但他知道斯佩里已经在动物身上进行过很多次这类的手术，结果都没有明显的副作用，他也知道某些深受癫痫折磨的患者绝望到愿意接受任何尝试。威廉·詹金斯（William Jenkins）是位满脸笑容、喋喋不休的48岁的中年人，自愿充当第一位接受这种手术的患者。鲍格特第一次见到詹金斯，是在医院的急诊室里，当时詹金斯的癫痫严重发作。一直以来，他的癫痫发作频繁，身体的抽搐耗尽了他的精力，还会突然失去对肢体控制的能力，情势非常危急。这些问题使得詹金斯无法过正常的生活，而且他也被告知，他的症状无药可医。他知道鲍格特的治疗可能会带来无法预知的后果，但他和他的妻子都告诉鲍格特，他们愿意放手一搏。“你知道吗？”詹金斯说，“就算手术无法消除我的症状，但如果你可以从手术中学到些什么，也能使我变得更有价值。”1962年2月，鲍格特为詹金斯进行了胼胝体切除手术。

手术是有效的。詹金斯很快从手术中复原，并仿佛重获了新生，他的症状已经大大减轻了。但这个手术真的没有副作用吗？加扎尼加要求詹金斯盯着屏幕上的一个点，然后在点的左边或右边出现影像。影像出现的时间非常短暂，患者来不及移动目光，因此当影像出现在点的右边时，应该由他的左半脑来处理信息。当加扎尼加问道："你看到了什么？"詹金斯正确地答道："帽子。"回答丝毫不觉得困难。但如果同样的影像出现在点的左边时，詹金斯就不知道该如何作答了。影像应该由右半脑来处理，但右半脑失去了语言表达能力。

这并不表示右脑什么都没有看见。加扎尼加给詹金斯几张带图的卡片，要他用左手指出刚才出现在屏幕上的图像，詹金斯立刻完成任务。右半脑知道答案，也同样能够指出来，但无法用语言来表达。右半脑本来可以通过胼胝体向左半脑求救，要求得到正确的答案，但没有了胼胝体，右半脑就获得不了支援。在另外一个实验中，加扎尼加遮住詹金斯的眼睛，要求他用手握住梳子或咖啡杯等物品。如果他用右手握住物品，就不会有指认的困难；但若将物品放在左手上，他就什么都说不出来。

加扎尼加的学术研究后来都锁定在这样的问题上：我们不是单一的，我们是两个我。大脑的两个半球：左脑和右脑，是住在同一个身体里面、各司其职的两个个体。左半脑处理分析和逻辑思考，同时拥有语言能力，任何跟说话、书写有关的工作，都在这里得到处理；右半脑是个文盲，而且是个哑巴，但它拥有自己的神奇能力[①]。它在辨识图形方

① 这种说法有点儿简单化了。有些人的右脑也有说话的功能，但说话的功能在哪个半脑并不重要，重要的是不同的半脑系统负责不同的工作。

面有很好的能力——能辨识类别、物品和脸庞，同时，它也能享受到音乐或艺术之美。两个系统的运作有密切的关联，但功能却各自独立。在胼胝体这个“信差”缺席时，心灵内部的两个完全不同的个体就被揭示了。这就是《化身博士》中杰基尔博士的化身原理！

加扎尼加接着又发现了更多关于这两个半脑如何相互关联的方法。例如，当它们无法直接连接时，它们会找到新的合作管道。在加扎尼加的某项实验中，一位裂脑患者被要求用左手伸进某个封闭的袋子里，感觉一下里面的物品，然后说出那个东西是什么。通常袋子里装的都是像铅笔这样很容易辨认的东西，但因为右脑是个哑巴，患者无法说出正确的答案，右脑因而有了个狡猾的计划。就像我们所知道的，两个半脑多数的触感都是独立的，但有一个例外：它们都会有痛觉。患者用左手握住铅笔，将笔尖用力插进掌心，这样的痛觉会传递到大脑的两侧，所以，至少左脑知道了一些信息——袋子里有个尖锐的物品。利用这样的暗示，它可以猜测正确的答案。患者猜道：“是一枚别针？一根缝衣针？还是一支笔？”处理答案的右脑也会帮忙：当猜测的答案接近正确答案时，它会让患者微笑或点头，以暗示答案的正确性。很快，患者就能够说出正确的答案了。这是一个神经团队运作的了不起的例子。即便内部连接被切断，两个半脑还是会找到方法，利用新的管道进行沟通。

两个脑半球也会激烈地争吵。有些裂脑患者会有所谓的“异手症（alien hand syndrome）”，其中的一只手具有自己的意志，并通常是左手。北达科他大学的神经科学家维克多·马克（Victor Mark）曾与这样的患者面谈过，在被问及最近几天癫痫发作了几次时，她的右手伸出两根手指，左手又跟了过去，硬是压下右手的手指。这样来回多次后，她放弃了。当马克质疑两只手的答案不一样时，她说她的左手经常想干什么就干什么，如果右手竖起三根手指，左手往往竖起两根。这双手经常发生争执。最后，那名女患者失声痛哭。

在医学记录上，有许多类似的案例。异手症患者可能拿起电话，但拒绝把话筒交到另一只手上；或是抓起一件T恤，但另一只手又把它塞回柜子里。通常是一手在执行意图时，另一手去扰乱，左手解开衬衫的扣子，右手又把扣子扣上；左手把香烟塞进嘴里，右手又把它拿走。一位男士记得自己曾经用左手抓住他妻子用力摇晃，但右手则试着帮妻子解围。在许多案例中，患者曾经用一只手扼住自己的脖子，试图掐死自己，另一只手又来解救自己。

这样的事实很难想象，某些科学家认为，有语言能力的左脑和静默的右脑有它们各自的主体、思想和情绪①。这种重要的区分是为了数百个功能独立、非意识组件的细分，它们各自都有发动行为、产生情绪的方法，不然必会相互附和。大脑在过去的几百万年里，执行了许多不同的任务，各种功能都被一种不完美的方式组合在一起，就像一座皇宫被增建、改建或扩建，结果是杂乱无章、越改越不正常。因此，我们不该惊讶，大脑的媒介经常具有多重目的。虽然完全发挥功能的大脑在维持内部的信息流量和秩序上能够有不错的表现，但没有一个全知全能的执行者或领袖能够统领化身博士杰基尔的“复杂的、不协调的、独立的”世界。

① 神经科学家克里斯多夫·科赫对此很是好奇：“那是什么感觉？作为沉默的右脑半球，永远被包裹在头骨中，任由兄弟主宰和代言？”

※ ※ ※

我们都很熟悉内在冲突感，就像大部分读者都了解欲望和意识之间的冲突。在奥维德（Ovid）的《变形记》（*Metamorphoses*）中，美狄亚（Medea）描述自己是被撕裂的，“欲望和理性往不同的方向拉扯”。在伊恩·麦克尤恩（Ian McEwan）的小说《太阳》（*Solar*）一书中，作者认为心灵中的决策制定模式就好比国会或辩论的议会——不同的派系涉入，长短期利益彼此交缠、冲突。不只议案会被搁置或被反对，特定的提议也会被宣扬，用以掩盖其他的提议。开会时可能拐弯抹角，也可能发生激烈冲突。但是，至少大部分时候，我不会觉得自己是不同的我（不论那是什么感觉）组成起来的。我觉得我就是我，而你觉得你就是你——或至少我认为你是这样觉得的。裂脑患者也有同样的感觉。他们只会觉得自己是一个整体。即便那些罹患异手症的人，他们也只看到症状，无法觉察问题的源头。既然实际上我们是“分开的”，为什么我们每个人都觉得我们只是一个人？在詹金斯这个重大实验的10多年后，加扎尼加又做出另一个突破，让我们得到了“我们是如何认为自己就是自己”的解释。

跟他原来的实验十分不同，加扎尼加在点的两边同时出示两张图片。受试者是一名15岁的男患者，加扎尼加在左边放置一张鸡爪的照片，右边则是一栋房子以及一辆被雪覆盖的汽车照片。然后他给患者一张卡片，上面有许多不同的图像，要求他选择与所出现的图像有关的线索图片。患者的两只手同时指向不同的图像，好像大脑的两边在相互竞争。患者的左手指向雪铲（与雪景有关），而右手指向鸡（与鸡爪有关）。加扎尼加询问患者，为什么会指出这两张照片？他以为患者无法解释左手指出的答案。毕竟，唯一能够有语言反应的是左半脑，左半脑控制的是右手，而左半脑忽视了之前看到的被雪覆盖的车子。然而患者并没有说“我不知道为什么我的手要指向雪铲”，而是毫不犹疑地说：“这很简单啊，因为鸡爪与鸡有关，而你需要用铲子去清理鸡屎。”

这让加扎尼加无比震惊。他理解左脑虽然不知道为什么左手要指向铲子，但在事后它简单地找到一个具有说服力的理由。在另一名裂脑患者的实验中，加扎尼加对右脑示意“走开”这个字，男患者起身走开。问他为什么离开，他（至少是他的左脑）聪明地答道，他只是“去拿瓶可乐”。另一名患者看到“大笑”这个词后开始笑了起来，在被问到理由时，他回答道：“你们这些家伙每个月都来测验我们，你们到底是靠什么吃饭的啊？”

当然，上面提及的这些实验都是基于非常少见的大脑状况而做出的研究。但加扎尼加提出一个让人震惊的说法，这些实验用一种非常清楚但又充满戏剧效果的方式简单地指出，我们的大脑会如何在匆忙间编造故事。这个有关“虚构”的解释，让我们的选择看起来容易理解多了。在之前的章节中，我们提过慢性虚构症患者的症状，在这里指的虚构是一种广义的说法，但其中的道理是相同的。虚构症源于左脑的语言“电路”，在那个时候，加扎尼加将之称为“解译器模块（interpreter module）”，因为在他看来，它的任务只是单纯地解释由大脑其他部件所产生的行动和情绪。解译器模块——非常接近意识心灵——自然而然地就会在事后为我们捏造的感觉和所做的事做出辩解，即便它并不了解那些行为的成因和动机。吊桥上的男士感觉到生理反应，他的解译器模块告诉他，那是因为他被女助理吸引了。

之所以说弗洛伊德将大脑的神经科学观纳入到自我欺骗的身心灵范畴，是源于罗马诗人对他的影响。这些诗人着迷于不断创造和再创造的世界，并在自我的世界中不断挣扎。之前，我曾经引用过柯立芝的话，现在我再引述更为完整的说法：

> 我认为原发想象（primary imagination）是人类所有感官知觉的原动力和主要媒介，它在有限的心灵里对无穷无尽的“我是（I AM）”进行着复制。

哲学家叔本华（Arthur Schopenhauer）是现代版的柯立芝，他对弗洛伊德也有极其重大的影响。叔本华认为，我们的自我意识是一部充满艺术性的、虚构的小说：

> 事实上，我们了解的生活历程虽然比我们曾经读过的小说还要详尽，但也详尽不了多少。主要事件、有趣的场景都让我们有印象，但其他能被记起的细节可能只有1‰……这是真的，在我们和外部世界的关系中，习惯于把知觉的主体——所谓的“认知的我”当成是真实的自己。然而，这不过是大脑的功能，不是真正的自我。我们真实的自我——内在本质的核心，被掩盖其后；它只知道愿意和不愿意。

现代哲学家丹尼尔·丹尼特（Daniel Dennett）的部分观点受到认知心理学发现的影响，他回应叔本华的说法，认为我们应该把自我意识当成是一位炫耀技巧的小说家，草拟并修正了一个以我们为主角——主要的虚拟角色——的故事。

小说如果要成立，就需要某些戏剧化的冲突。解译器的工作是为心灵间相互争斗的派系提供统一战线，这不是个容易的工作。我们最强烈的情绪会因为这样的目的而产生。对弗洛伊德来说，心理的戏剧是因为自我压抑了下意识而引发的。如果说弗洛伊德的学说在20世纪前期造成了巨大的影响，那么美国心理学家对于自我欺骗的理论，则影响了20世纪后期。这些理论认为，我们一直努力说服自己，我们是正确无误的。

认知失调：无限的我

利昂·费斯廷格（Leon Festinger）曾经付钱让别人说谎。在他的某个实验中，他要求受试者花1个小时去做一项极其无聊的工作，例如在一块木板上拧螺丝。不出所料，没有人喜欢这项工作。接着，参与者得到1元或20元的酬劳，他们必须告诉正在等候参加实验的受试者，这个实验既有趣又好玩。大多数的人都同意了。不久以后，他们接受了访谈。那些拿了1元的人比起拿了20元的人，更喜欢他们做的工作。拿到较少酬劳的人更相信自己的谎言。

费斯廷格的解释是这样的：针对那些拿了20元的人而言，他们更容易将自己的谎言合理化。多数人都认为自己正直而诚实，在说谎后，只拿了1元钱的人脑海中出现了两个自相矛盾的信念：我是个好人以及我为了1元钱出卖自己的诚实正直。因为不想放弃第一个信念，又无法假装口袋里的1元钱比20元更值钱，他们机动地调整了自己的记忆，以符合他们的行为价值。而得到较多酬劳的人则不会经历费斯廷格所谓的“认知失调（cognitive dissonance）”，他们很容易对自己说：“是啊，我是说谎了，但20元可是一笔大钱，我做的是对的。”

1919年，费斯廷格出生于纽约，他犹太裔的父母是俄国移民。矮小、戴着眼镜的费斯廷格是位严厉、爱挑剔的人，对于人性一直持悲观的看法。他十分喜欢萨特与加缪，这两个人一致认为：人类花了一辈子的时间极力避免承认自己的存在是荒谬的。20世纪50年代晚期，对于如何让我们漠视这个不受欢迎的结论，费斯廷格最著名的理论就是“认知失调论”。

※ ※ ※

本杰明·富兰克林（Benjamin Franklin）曾经用一种狡猾的方法来拉拢一位非常难缠的政敌。他听说那个人的图书馆中有一本非常少见又引人入胜的书，就写了封短信给他，询问他能否把那本书借给自己读一下。很快，富兰克林就收到了书。一个星期后，他归还了那本书，同时写了封短信表达了自己的谢意。等到两人见面时，那位政敌变得十分温和有礼，并且表示愿意竭尽所能地帮助富兰克林。两人终生都维持友谊。富兰克林后来说：“**帮过你忙的人，比被你叫来帮忙的人，更愿意帮助你。**”用费斯廷格的观点分析，富兰克林的政敌在借出书后对自己有两种认知：他是富兰克林的死对头，以及他做了件对富兰克林有利的事。他解决认知失调的方法是告诉自己，他其实很喜欢富兰克林。

在费斯廷格的观点中，人们总是努力地想避免认知失调，以维持对自己的好印象。不论何时，只要我们最后获得了关于世界的矛盾看法，随之而产生的焦虑就会让我们强烈地要求改变自己的行为或信念，以避免同时考虑两件矛盾的事情的荒谬感。一般来说，改变自己的信念并不困难。当被指出我们对于某些事的判断出错的时候，在改变自己的心意前，我们会先做其他方面的努力——找理由、怪别人、否认事情的重要性等。如果抽烟的人无法戒烟，他们就会为自己持续抽烟找到合理的解释——抽烟其实没什么坏处、我的生命虽然会变短但却很充实。如果你花了一大笔钱买了一张演唱会的票，就算你觉得表演很无聊，事后也会更努力地说服自己去认为演唱会十分有趣。越难加入的团体，在被同意加入后，你往往会更投入。

费斯廷格对于宗教史也非常有兴趣，特别是那些不断出现的关于世界末日的学说。那些教派或信徒相信，在那场灾难中，除了真正的信仰者外，无人能够逃得过。也只有那些相信团体教诲的人会沉醉在救世之说中，并感受到永恒的喜悦。费斯廷格注意到，当那些团体的预测失败后，团体并不会解散或拆伙，至少不会马上。在经过最初的沮丧后，这些信徒的信念会更加坚定，他们会抗拒那些反对派的蔑视，并且用更强烈的热情努力为他们的信仰辩护。

在1954年时，费斯廷格35岁，任职于明尼苏达大学。他看到报纸的报道说，一群末日信徒预言人类将毁于外星人手中。这些信徒的基地就位于不远处的芝加哥郊区的湖城（Lake City）。费斯廷格认为这是千载难逢的机会，于是就和几名同事一起到芝加哥去，伪装成他们的信徒，匿名参加了这个团体。后来，这段经历发表在他对宗教末日行动的研究论文中。

※ ※ ※

1665年5月31日，一位不快乐的39岁男子敲响了一栋位于加沙（Gaza）的房子的门，要求获得协助。这栋房子的主人叫亚伯拉罕·南森·本以利沙·哈伊姆·阿叙肯纳兹（Abraham Nathan ben Elisha Hayyim Ashkenazi），人们称呼他为“加沙的南森”。南森是一名年轻的犹太神秘主义者，才刚满22岁就因其高瞻远瞩的视野、准确无比的预言以及流利的口才而成名。当访客自我介绍后，南森认出了他，并感到无比震惊、兴奋不已。

敲门的沙巴泰·泽维是士麦那（Smyrna）一位富商的第三个儿子，这个任性的孩子比他的哥哥们更聪敏好学。他的哥哥们都继承了父亲的衣钵，成为了成功的商人，泽维在研习卡巴拉教（kabbalah）之前，受过拉比（犹太人中的一个特别阶层，是老师也是智者的象征）的训练。然而事实很快证明，没有任何既有的宗教学校能够调教这位聪明但却古怪的年轻人。泽维患有一种在今日应该会被诊断为“躁郁症”或“双重极端性格障碍症”的病症，在经历过一段亢奋后，他会陷入极深沉的忧郁和迟钝之中。随着年龄的增长，他的情绪变换越来越频繁，也越来越极端，在他最狂乱的时候，他犯下严重的亵渎罪。他直呼上帝名讳，声称自己“下嫁”给一卷犹太经书，进行不可告人的性行为，甚至说自己是弥赛亚。因为这些各种各样的罪行，他数度被逐出士麦那、萨洛尼卡（Salonika）及君士坦丁堡。当他觉得自己平静、正常时，他不禁怀疑自己被魔鬼附身，随后又会被自己的黑暗面制伏。

1665年的春天，泽维闲逛到加沙，寻求南森的帮助，以驱逐他内在的魔鬼。南森是一位知名的信奉犹太教的卡巴拉（犹太教分支）学者之子，来自耶路撒冷。在完成第一阶段的宗教教育后，他在加沙研究卡巴拉，并在那里结识了他的妻子。南森是一名极有天赋的学生，具有独创性。就像某位研究那个时代的历史学家所言，南森拥有“出众智力以及带有想象力与强烈情绪敏感力的深层思考能力”。由于不满足于前人的理论，南森创建了自己的思想体系。等他遇见泽维时，他的思想体系早已包罗万象，虽然根植于卡巴拉，但又有他自己的独特性。南森最初在耶路撒冷遇到泽维，对于泽维宣称自己是弥赛亚一事，他没有太多想法。但到了加沙，在24小时内，他受到了一种强烈的冲击。就像他后来提到的，他在泽维这个人身上看到了弥赛亚。而此刻，眼前敲门的人正是泽维。难道还能有更明显的征兆吗？

※ ※ ※

芝加哥邪教有两名领袖。托马斯·阿姆斯特朗（Thomas Armstrong）博士是一位内科医师，同时在当地一所大专院校任职。他对超自然现象和飞碟极为感兴趣。也是这个团体的精神领袖。玛莉安·基奇（Marion Keech）是一名家庭主妇，她是最初的鼓吹者和发起人。在1954年的秋天，待在家中的玛莉安初次接收到“外星人发来的信息”。信息以高密度的振动方式，引导玛莉安用颤抖的手拿起笔在纸上涂鸦出一则坏消息：大西洋的底部将升起，海水将淹没大西洋沿岸的陆地，法国会沉没……俄国也会成为一大片海洋，连美国也无法幸免。最后整个世界都会被淹没，这是为了“净化世人，同时创造新秩序”。

在收到第一次的信息后，玛莉安又接连收到更多的信息。这些与玛莉安联系的存在物自称是“守护者（The Guardians）”，他们的首领是名为“萨南德（Sanander）”的神。关于人类的灭绝，守护者给了玛莉安确切的日期和时间，到了1954年12月21日零点，只有那些相信萨南德的人才能得救。

很幸运的是，玛莉安知道要和谁讨论这些事。她之前在当地的一个讨论外星人是否能到访的飞碟社团认识了阿姆斯特朗博士。玛莉安告诉阿姆斯特朗她接收到的信息，他立刻意识到事情的“严重性”。他们同意告诉社团的其他人，让大家为外星人的降临做好准备。在一两周之内，他们召集了大约30位信徒，包括几位隐瞒身份的社会学家。

在“洪水来临”的几星期前，费斯廷格和他的同事们对该团体的团结和忠诚印象十分深刻，外界出现的越来越大的批评声与嘲笑声却让他们变得更加团结。这些成员与亲友决裂、还遭到邻居要向相关部门举报他们有精神病的威胁；阿姆斯特朗博士被学校解雇，他的姐姐则向法院请求要取消他对两名子女的监护权；一位信徒出售房子，抱着孩子住进了玛莉安家；其他信徒有的则辞去工作，更有放弃所有财产的人。若世界都要毁灭了，全世界都反对他们又如何？

费斯廷格发现，这个团体的成员并未改变原本的宗教信仰，来成立新的教派。虽然有一家媒体报道了世界末日的新闻，但“守护者”的信息或招募新成员的消息，却令人意外的稀少。当最后的日子接近时，地方报纸和电视台有许多采访的要求，都被玛莉安以及团体中的其他成员无视或回绝了。研究者后来提及，这个团体对于外部世界采取一种“优越的冷漠”的态度。

※ ※ ※

在泽维解释自己前来的原因后，南森告诉他，他不需要被治疗——他的确是弥赛亚，他降临地球是要宣告世界末日以及让世人获得来自耶稣的救赎。一直被嘲笑的泽维很难轻易接受南森的话，但南森表明了自己严肃的态度。两个人花了好几个小时进行一些神学方面的辩论，直到谈论快结束时，泽维接受了弥赛亚的任务。

泽维开始感到强烈、狂热的喜悦。他骑着马在加沙附近闲逛，向当地的居民宣告，他是“神选之人”。当然，他过去也曾经在其他城镇做过同样的事，但现在有南森支持他。南森相信并且提出他的研究结果，说明为什么上帝要选择在这个时刻让弥赛亚降临，以及他为什么要泽维来拯救他的人民。加沙的拉比也加入追捧的行列。自此，泽维散发出仿若君王一般的魅力，他指派大使召集耶路撒冷各地加入了膜拜的行列。

这些只是开始。在接下来的6个月中，南森书写又长又头头是道的信件给全世界的犹太社群，把弥赛亚的消息告诉大家，同时也让大家知道，为什么那是历史新阶段的开端。泽维所做的每一件事，南森都能将之合理化，他就好像是泽维突破本我的解译器一样。泽维开始到处演讲，从耶路撒冷一路往北，到士麦那及阿勒颇。不论他出现在哪里，都受到信仰他的民众的夹道欢迎。

不久以后，泽维开始展露他原来的那种狂野、放肆的言行，亵渎神明、大吃猪肉（犹太教忌食猪肉），同时要求其他人违背律法。如果有拉比抗议，泽维就会带领暴民去拉比家威胁他。在士麦那，他带着斧头强行闯入了一个拒绝承认他的犹太教堂，并在那里宣称救赎日是1666年6月18日。

※ ※ ※

在芝加哥的湖城，“大事”将要发生的当晚。在玛莉安家里，团体的成员聚集在客厅里，有大学生、家庭主妇、出版商、五金行店员，当然还有阿姆斯特朗博士。每个人都在等候萨南德和他的助理传来的信息。没有人知道他们会接收到什么样信息，也没有人知道到底会发生什么事——“守护者”并没有提到任何可以获得救赎的细节，这无疑让信仰他的人觉得不安。

那个夜晚，每件事都别具意义。电话铃声响起，一个尖锐且带有讽刺意味的声音说道：“嘿，我的卧室被洪水淹没了，想要过来庆祝吗？”成员们却觉得是得到了来自守护者的暗喻。紧接着，团体成员与领导者争相核对他们得到的密码，“我的帽子留在家里”“ 我是自己的搬运工”……就连客厅地毯上的一小块锡料也被他们认为是收到的重要信息，这个信息透露的意思是：“要把每个人身上的金属物都拿掉”。女士们疯狂地扯掉了胸罩上的铁挂钩，一个男人——其实是费斯廷格的助理——被抬到客厅外面，吓坏了的阿姆斯特朗博士用刮胡刀割断了他外套上的金属拉链[①]。

等到他们“留在地球上”的时间只剩下几分钟时，团体成员选择了静坐。他们已经无事可做、无话可说。关于刚过午夜那一段时间中发生的事，费斯廷格做了以下记录：

在让人紧张的沉默中，两个时钟的嘀嗒声格外明显，两个时钟差了

① 玛莉安的丈夫不是信徒。当晚他照常入睡，而且睡得很熟。

10分钟。当时间较快的时钟到12：05分时，一位助理大声地读出了它，人们却纷纷回应说零点还没到。鲍伯·伊斯特曼（Bob Eastman）证实，较慢的时钟才是正确的，他那天下午才亲自校对过时间。距离零点只剩下4分钟。

在那4分钟里，客厅里还是一片静默，没有一个人说话。当壁炉上“较慢”的时钟显示再过1分钟UFO就要降落了时，玛莉安用一种高分贝的紧张声音宣布：“一切照原计划进行！”时钟敲了12下，每敲一下，都伴随着痛苦和期待，以及静默。信徒们稳坐不动。

一开始没有人说话，但在接下来的几分钟，甚至几小时里，都“弥漫着失望和困惑的气息”。阿姆斯特朗博士和玛莉安叮嘱每个人都该保持信心，但当静坐的人们没法得到有说服力的解释时，他们逐渐无法冷静了。费斯廷格描述道：“团体似乎马上就要解散了。”到了早晨4：45分，玛莉安的手开始颤抖，她写下一段来自上苍的信息：“这个彻夜静坐的小团体散发出如此耀目的光芒，于是上帝解救了这个世界，让它免于毁灭。”这是个“高贵”的解释却未能消除当下的阴郁：一个成员默默地站起来，戴上帽子、穿上外套，转身离去。

※　※　※

从1665—1666年冬天，犹太教动荡不安。从法兰克福到阿姆斯特丹、布拉格、君士坦丁堡，犹太人祈祷、斋戒并定期沐浴，都是为世界末日的来临做准备。许多人变卖家产，到圣地朝圣，希望亲眼看到泽维。许多相关的诗歌与书籍竞相出版，欧洲各地先后爆发了大规模的公众游行。在波兰，每个主要城市都发生了暴动。

此时，泽维迈出了巨大的一步：南森宣布，泽维将到土耳其加冕，并要苏丹接待并听他的号令。泽维的船只在1666年2月到达了土耳其海域，而土耳其国王早已听说泽维在欧洲引发了混乱，于是表现得很谨慎。他们及时扣留了泽维的船只，逮捕了泽维并将他带上岸，囚禁了他。南森认为这种让人尴尬的发展符合他的预期，他对此进行了合理化的解释：弥赛亚被监禁象征一种对抗邪魔的内在挣扎。泽维在加利波利（Gallipoli）的牢狱中仍表现得自命不凡，他说服君士坦丁堡的犹太代表，他设定的日期仍然有效。

1666年6月18日来了，又走了。到了9月，泽维被君士坦丁堡的议会传唤，当时苏丹坐在隐蔽的格状壁龛中聆听诉讼。泽维面临的选择很简单：要么皈依伊斯兰教，要么就是死路一条。泽维立刻选择了前者，并围上头巾，改名为阿齐兹·穆罕默德·阿凡迪（Aziz Mehmed Effendi），接受“宫门守门人”这个职位，同时领取了一小笔来自政府的补助。

※ ※ ※

玛莉安又收到上苍的另一个指示，要求她继续宣扬教义，并进一步向世人解释。她打电话给当地的报社，说她获得了一个紧急的信息。团体成员遵从玛莉安的领导，也在接下来的几天打电话给通讯社、电台和杂志，解释洪水没有发生的原因。在“大事”发生之前对外界的注意唯恐避之不及的这些人，现在卖力地寻求媒体的注意。他们也开始成立宗教组织，之前那些想加入组织、但受到漫不经心对待或直接被回绝的成员如今都受到了热情的接待，并被邀请参与了教义方面的讨论。阴谋家成为了传教士。

这是种奇怪的悖论。当团体的理念遭到大肆嘲笑时，他们认为没必要告诉全世界他们的信仰，但当他们被证明的确是错得离谱时，他们才想要进行争论。这听来很疯狂，但费斯廷格不认为湖城的信徒们疯了，他们只是些普通人而已。

费斯廷格将这段实地研究写进了他的著作《当预言落空》（*When Prophecy Fails*）。在书中[①]，费斯廷格认为，**当人们想要获得某个东西时，过程越困难、越不堪或越痛苦，人们就会越坚定地保护成果。**湖城的团体为了信仰已经走得太远、受到了太多蔑视、并且毁掉了太多之前的人生。在洪水并未来到的4个小时后，阿姆斯特朗博士告诉一位研究者："我已经走了这么远的路，我几乎放弃了所有的事，切断了所有的关系、堵死了每一条来路、完全抛弃了这个世界，我没有质疑的资格，我必须相信。"他和其他人都心知肚明，他们不是那种没有理由就随便相信的人。所以，理由已经找到了。至于认同：为了缓解他们自身的疑虑，他们突然意识到自己的信仰也必须被其他人认同。在《当预言落空》最后的篇章中，费斯廷格做出结论：很明显，当持有强烈信仰的团体受到挑战时，成员们都觉得应该团结在一起，并且在人数的增加上寻求心理支持。1954年12月21日的零点，没有太空船降落在湖城，大西洋

① 为了出版，费斯廷格在书中虚构了小镇的名字，并且隐去了一些人的姓名。我们现在看到的，也都是假名。

没有上升，天堂也未曾开启。湖城的信徒没有得到事实的回应，只好寻求其他人的认同。

※ ※ ※

简单来说，虚构症最初的意义是“一起虚构故事”（confabulation这个字来自拉丁文，con是指一起，fabulation是指虚构的故事）。在费斯廷格的研究中，我们可以清楚地看到所有的教派都患有严重的虚构症，它们是最严重的失调。我们想要相信这个世界是有理可循的，但世界本身并没有意义。事实上，**人类的各种文化、象征物、神话和仪式，或许都可以被视为人类自我调和的方法——企图调出我们的内驱力，让出生、死亡和从生到死之间发生的所有随机的事件，都产生意义。**

费斯廷格的逻辑十分有力，然而人类理性是如此壮观、美丽和神秘，若这就是理性的真貌，用这逻辑来解释或合理化终究还是让人觉得有点儿底气不足，沙特尔大教堂的兴建与信奉巴赫音乐的宗教不是湖城信徒能简单模拟的。费斯廷格认为人们寻求他人的认同，以便让他们脆弱的世界观看起来更强健，但也有可能，我们虚构故事只是为了找到一个接触别人的理由——我们的谎言铺设了通往爱的道路？

※ ※ ※

当泽维温顺地归降土耳其的消息传回欧洲时，信徒们觉得自己被欺骗了。先前坚信南森的人在6月18日之后能够仍旧坚持，但现在热情蒸发了，只剩下羞辱和愤怒。拉比坚称，这些事从不曾发生过。然而加沙的南森已经准备好另一个完美的解释：弥赛亚认为有必要深入邪恶的阵营，才能够从内部改变邪教，于是表面屈从，成为变节者。身为变节者的耻辱是弥赛亚最后的牺牲。

泽维在1676年去世时，仍旧是苏丹的仆人。南森宣称，泽维的辞世只是一种“隐身”，他自己则在4年后去世。好几年后，泽维的信徒仍然坚持信仰。他们不愿意接受他们的救赎只是一场骗局，或是他们热衷的信仰毫无意义，他们紧紧抓住泽维这个有力的象征，以及能接触到的其他教友。他们甚至创造了一种新的礼拜形式，并假装变节。在土耳其，有个泽维教派的分支叫“叛教者会”，直到20世纪后期还持续活跃并具有影响力。在公开场合中，他们宣称自己信奉伊斯兰教，但私底下却庆祝犹太教的逾越节。

第七章　我是个好人，而且能掌控全局

BORN LIARS

Why We Can't Live Without Deceit

如果我们都假设，自己是有意识的、合理的、理性的好人，而大多数人也都和我们差不多（只是略逊我们一筹），我们和别人的交往以及合作就会容易得多。没有这种愚昧自己的能力，我们会更悲伤、衰老得更快、更没有动力，也更不愿意去面对或迎接挑战。就像泰勒说的，正向错觉是“驱动创造力、动机和抱负的燃料”。

任何想要指导别人的人，必定有自我欺骗的能力。

——朱塞佩·托马西·迪·兰佩杜萨

（Giuseppe Tomasi di Lampedusa）

人们一方面说服自己“我是好人”，另一方面又做出想象不到的最糟糕的事。人肉炸弹杀害了数以百计的无辜民众，然而实施者仍旧相信自己死后可以上天堂。西西里的黑手党视自己为信仰天主教的好人，他们在工作日杀人，在周日做礼拜。卡塔尼亚（Catania，黑手党故乡）的老大日东·圣塔保罗（Nitto Santapaola）十分虔诚，甚至在他的别墅里盖了座小教堂；同时，他又下令绞杀了4名男童，并将他们沉入井底。即便在奥斯威辛集中营的医生也说服自己，他只是忠诚于希波克拉底（Hippocratic，古希腊的著名医学家，被后人尊称为西方“医学之父”，他曾说：“医学家就是哲学家”）的誓言——借由协助灭绝犹太人，就能够除去沃尔克（Volk，德语，意指人民）的毒瘤。

虽然，这些都是罕见的极端案例，但大多数人对于自己的行动，都抱着赞赏的态度。如果老板提拔一名没有能力但吸引他的人，他肯定能找理由说服自己，说那个人是该职位的最佳人选；打牌作弊的人会告诉自己，他的对手不值得被公平对待。富兰克林说，作为一种懂得辩证的生物真是很方便，这让我们可以为自己所做的任何一件事找到理由。

心理学家早就注意到，我们对于自己的动机有一种乐观的倾向，同时也会认为自己比实际上更有能力，这有点儿像“沃贝贡湖效应”［Lake Wobegon Effect，以盖瑞森·凯勒（Garrison Keillor）杜撰的小城命名，在那个小城中，“每位女士都很强壮、男士们也都英俊潇洒，而所有儿童的素质也都在平均水准以上”］。在一项针对大学生的调查中，88%的受试者都认为，他们的驾驶技术在平均分数以上。另一项针对大学教授的调查指出，95%的教授认为他们的研究能力优于平均值。更有研究则指出，我们会高估自己的美貌、智力以及对别人的公平性。大多数拥有伴侣的人们会认为，他们的情爱关系比其他人的更美好，就像大部分父母都认为，自己的孩子比其他小孩更聪明、更乖巧。

人们并非单纯地犯错，我们都在欺骗自己。关于对自己和对这个世界的认知，人们的确拥有正确的信息，却将这些信息封锁在潜意识中，直到有需要时才去注意它们。就好像我们的心灵会筛选感官接收到的信息，直到我们有理由去面对它们为止。在一项针对成人举行的偷窥游戏中，经济学家丹·阿雷利（Dan Ariely）和迈克尔·诺顿（Michael Norton）要求大学生们完成一项智力测验，其中有一半的学生有机会偷偷地看到答案。那些拿到答案的学生表现得要比其他学生更好，这并不让人意外。因为他们会让自己相信，只有聪明人才懂得欺诈。实验者继而要他们预计自己在下一轮测验中（没有答案）的表现，并且为此下注，结果发现他们会过度夸大自己的预测能力，认为自己智商高且一定会赢。结果，他们输了钱。

这个实验中有一些亮点。当然，自我欺骗正是我们的人生中最有喜感的喜剧资源。从马伏里奥（Malvolio，莎士比亚的喜剧人物）到普特尔先生（Mr. Pooter，格罗史密斯兄弟笔下的文学人物，《小人物日记》的主角），从大卫·布兰特（David Brent，美国知名魔术师）到电视选秀歌唱比赛，我们爱极了看别人表现自己和跟真实的自己反差太大而闹出的笑话。或许是因为**我们本能地承认，我们都需要一些自我欺骗才活得下去**。

※ ※ ※

当被问到“心智正常”的简单定义时，你可能会说，那是指在没有错觉的情况下进行某件事。当看到某些人发狂地做某件事时，我们会说他“这不现实”。1958年，美国政府的一项报告指出，“‘现实感’是指心智健康，个体看待世界的方式和世界真实的面貌相一致……在事情的发展不尽如人意时仍然可以正确察觉出真实与期望的不同，而不会扭曲事实”。1988年，谢莉·泰勒（Shelley Taylor）和她的同事乔纳森·布朗（Jonathan Brown）发表了一篇论文，对上述的言论提出了反证。

在泰勒还是一名年轻的心理学家时，就协助那些遭遇严重创伤或生活不幸的人，像是被强奸者或癌症患者。要和这些人面谈并不容易，他们都在生活中受着煎熬。另外，泰勒也注意到，某些患者会为自己的未来编出一系列自我欺骗的虚构故事，她认为这是最糟糕的部分。她曾经听一位癌症患者自信满满地提到，他已经好了，而且不会再复发了，但泰勒从他的病理报告中得知，他早晚会因为癌症而丧命。不过，泰勒慢慢了解到，**这些有着不切实际、乐观主义想法的患者比终日沉浸在悲伤中的患者更有可能恢复心理健康**。他们也许对自己撒了谎，但这些谎言的确有效。

这些原因促使她开始去研究"对自己有利的虚构"在健康、快乐的人身上，以及在受创者身上到底扮演了什么角色。她得到一个意想不到的结论：**正常人的心智就像一张现实的正向滤网**。"在每个人生的路口"，泰勒说道，"'正向错觉（positive illusion）'对事情的诠释都会助长对于自我、世界以及未来的良性虚构。"我们一再地高估自己——因为我们是判断其他人的唯一标准——于是也再三地低估了别人。

泰勒所谓的"正向错觉"有三种广义的类别。第一个类别是指过度相信我们自己的能力和品质，这些"优越的错觉"非常麻烦：**虽然人们相信别人和自己是一样的，但是人们很难不认为自己是与众不同的**。艾米莉·普罗宁（Emily Pronin）称这为"偏见的盲点（bias blind spot）"。她给心理学的学生一本小册子，上面描述了8种自我欺骗（或认知偏见）的模式，在学生们阅读了小册子后，要求他们评估，比起一般人，他们是否更不容易受到这些偏见的影响。虽然每个人都认为自己不会像别人那么容易受影响，但自我欺骗的奇怪模式并未因此终止。在接下来的实验中，普罗宁对受试者解释他们受到这些偏见影响的原因。即便如此，学生们还是坚持他们的自我评估是客观的，而其他人的自我评估较可能存在偏差。

正向错觉的第二个类别是不切实际的乐观主义：我们往往过度相信自己对于未来的感觉。当学生们被要求去设想自己未来生活的样子时，他们会说跟其他同学相比，自己会毕业于更好的学校、得到较好的工作、获取更高的薪水，甚至生出天才宝宝，而且不可能酗酒、离婚或身患癌症。短期之内，他们会高估自己减肥、戒烟或完成困难任务的成功率。在某项研究中，受试者必须预测他们（或其他人）能多快完成不同的工作任务，以及自己能否在期限内完成。对于自己，他们都过度乐观，但同时也对别人的表现过度悲观。理由在于，如用自己过去的行为来作为评估依据的话，他们会将自己好的印象在脑海中放大。

第三个类别是夸大的控制感。我们一般会觉得灵巧的身体能够帮助我们做到显然不可能做到的事。在掷色子的游戏中，人们希望得到大点数时，会摇得比较用力，但在需要得到小点数时则会放轻动作——因为我们认为自己的意志能够影响这个世界，尽管事实并非如此。在另一项实验中，一群成功的专业人士坐在电脑屏幕前，屏幕上有一条上下闪动的线条，模拟富时100市场指数（FTSE100，是指英国主要股票的市场指数）。受试者（都是投资银行的交易员）被要求在规定时间内按按钮，他们能不能通过按钮来影响线条的起伏，最后他们必须评估自己在对线条起伏的控制上有多少贡献，许多人都以为自己能让线条上扬。然而事实上，按钮对于线条的起伏完全没有作用。当坏事发生时，我们不太愿意扛起责任。为了表明人们认罪有多么勉强，泰勒引用了肇事司机给警方的解释：

“当我通过十字路口时，停止标志突然出现在了本来没有标志的地方。我根本来不及刹车，结果就发生了车祸。”

“电线杆靠近我，我试图转弯，但它还是撞上我的车头。”

心理学家埃利奥特·阿伦森（Elliot Aronson）是费斯廷格的学生，他曾经写下简练的结论——一般人会花很长的时间去说服自己“我是个好人，而且能掌控全局”。安东尼·格林沃尔德（Anthony Greenwald）甚至将这种说法压缩成一个他创造的词：“益效（beneffectance）”，来描述我们倾向于认为成就是我们自己行动的结果，而错误常常是由他人引发的。无论何时，只要这些主张受到质疑，我们就会编造故事来解决我们的行动和自我印象中的不一致性。大多数时候，我们甚至不会意识到自己正在这样做。

这不一定是件坏事。如果我们都假设，自己是有意识的、合理的、理性的好人，而大多数人也都和我们差不多（只是略逊我们一筹），我们和别人的交往以及合作就会容易得多。如果我无法欺骗自己，相信自己可以控制命运，那一定就会被自我怀疑折腾坏了。哲学家威廉·赫斯坦（William Hirstein）提出，自我欺骗的反面并不是自我了解，而是强迫症：“自我欺骗者可能会对自己说：‘今晚不刷牙也没关系。’”但有强迫症的人会一次又一次起床、刷牙。这种很容易被自我欺骗者忽略的东西，强迫症患者却无法控制、无法忽视，认为必须得采取行动。

我们有绝佳的理由认为，过度自信是一种让我们存活和繁衍的特质，会帮助我们在复杂的古代环境中获得更好的资源，同时也让其他对象对我们刮目相看。即使是现在，我们生活在恒温的现代建筑中，而非洞穴里，我们仍旧依赖错觉去实践我们的生活。虽然研究显示，有了孩子对生活的品质并没有坏的影响，也没有证实会有更大的帮助，但我们却想象有了下一代会让我们更幸福更快乐（当然获得快乐不是我们养育下一代的唯一理由，不过确实有助于我们更坚定地下决心生个孩子）。我们和某人相恋，因为那个人是千挑万选的合适对象，这让我们愿意和他（她）长期相处，并共同抚养子女。我们知道我们在这个星球上的生命会有终点，但我们会以另一种形式存活，孩子的存在就是我们生命的延续。**没有这种愚昧自己的能力，我们会更悲伤、衰老得更快、更没有动力，也更不愿意去面对或迎接挑战。就像泰勒说的，正向错觉是“驱动创造力、动机和抱负的燃料”**。

不过有一群人并没有正向错觉，他们对自己更了解，对自己能力的大小、对未来的影响力、对事情的掌握力等认知更符合实际。菲利浦·拉金（Philip Larkin）说他们是“较不会自我欺骗的人”，心理医生则认为他们有可能是抑郁症患者。在不同的研究中，忧郁的人显然比一般人更能够接近现实。他们对自己的能力和优点没有夸大的意愿，也不会时刻惦记着过去的温暖光辉，在工作上同样不会过度高估自己的控制能力。严重的抑郁症患者则对自己拥有负向错觉（与正向错觉相反）。但泰勒也表示，**中度抑郁症者“对自己、对世界和对未来有比一般人更为正确的看法”，心理医生称这种现象为“忧郁的现实主义”**。在这个**研究领域被开拓之前，大多数研究者和治疗师都在分析“抑郁症患者是如何扭曲现实的”，现在却发现，他们其实是因为不够扭曲才出现了心理异常**。

显然，大多数人都需要自我欺骗这样的缓冲来回避现实的残酷。用社会学家罗伊·鲍迈斯特（Roy Baumeister）的话来说，我们有“错觉的最佳界限（optimal margin of illusion）”。

真实的界限每天都在变动。在琼尼·米歇尔（Joni Mitchell）的《一体两面》（*Both Sides Now*）的歌曲中，我们在错觉和现实间来回摆荡的现象被描述成一首苦乐参半的诗歌。在第一段歌词中，狂热的云朵就像“天使头发上的浮冰”“ 有羽毛的峡谷”以及“空中的冰激凌城堡”。但到了第二段，它们就失去了光泽——云朵遮挡了阳光，下雨、下雪，渐渐引入歌手的真实生活中。爱情是“月亮、六月天和摩天轮”，或是另一场引人发笑的廉价表演。在这一面，谎言让错觉变得华丽美好；但在另一面，则是令人沮丧的真相。到了歌曲最后，歌手表示自己虽然从两边来观照生命，但仍然保留着错觉：我一点儿也不懂人生。除了这是一首动人的歌曲外，对于正常人和现实的关系，它也做了最激烈不安的描述。

高效率者的自我欺骗习性

虽然正向错觉十分常见，但某些人在这方面的错觉却比其他人来得更为严重。心理学家乔安娜·史塔瑞克（Joanna Starek）在读大学时，曾是一名游泳选手。她总是好奇，两位体力与技巧相当的选手，为何会获得不同的运动成绩。她猜测较常获胜的选手比较懂得告诉自己“我很优秀”，即使他知道自己并没有那么优秀。

后来，史塔瑞克和她的研究伙伴卡罗琳·基廷（Caroline Keating）决定发掘其中的秘密。她们利用哈罗德·萨克曼（Harold Sakmann）和格尔（研究功能性核磁共振测谎仪的那一位）的理论创造了一份“自我欺骗”的调查问卷，问卷里有20道非常尖锐的问题，包括：“别人的崇拜对你而言很重要吗？”“你曾经怀疑过自己的性能力吗？”甚至还有“你喜欢拉屎吗？”这样的问题。受试者必须在“一点儿也不”到“确实如此”的等级间进行选择。这份问卷设计的重点在于，几乎所有足够诚实的人，都会给予符合实情的答案；而通篇回答“一点儿也不”的人，就很可能存在习惯性的自我欺骗。

在最初的实验中，萨克曼和格尔要求他们的受试者填写这份问卷，然后把他们说“来这里”的这三个字录下来。接着他们播放许多人同时讲这三个字的录音带，受试者的声音也被随机地混合在其中。事后许多人都表示他们无法在录音带中辨别出自己的声音，然而当他们自己的声音出现时，他们的生理反应——脉搏、血压和呼吸，都出现了高峰反应。也就是说，某些受试者能够辨别出自己的声音，只是他们自己不知道而已。**这就是自我欺骗的本质——握有两种矛盾信念的能力，却只让其中的一种信念浮现在意识中。**声称无法辨别出自己声音的受试者，自我欺骗的测试得分也会比较高。

史塔瑞克和基廷邀请了40位（20位男士和20位女士）组约某大学游泳队的选手填写了这份“自我欺骗”的调查问卷。另外，选手们也必须从一个立体镜中观察两组词：一组是负面或正面的词，另一组词则是中性的（例如，害怕——聆听、失去——鼻子、奖章——踏板），两组词会同时闪现在左眼或右眼中。诚如我们已知的，知觉在某种程度上是我们欲望的仆人，而先前的研究也显示，大脑在处理这种可能相冲突的视觉重像（左右眼视野出现不同画面）时，多数受试者会挑选出自己想要看到的字。越常排除负面字词、只看到正向字词的游泳选手，自我欺骗的分数越高。史塔瑞克和基廷将两类测验的整体分数和选手们在游泳竞赛中的结果相比较，发现善于欺骗自我的人在大型赛事中总是游得比较快。史塔瑞克在后续的论文中提到，她和其他心理学家所谓的“自我欺骗”，常被体育教练们称为“冠军式思考”。

自我欺骗和成就间的关系并不仅仅限于体育方面。有研究显示，比起不懂得自我欺骗的人，懂得自我欺骗的人在学校成绩和商业成就上会有更好的表现。人们经常说服自己和别人，他们相信的事会是真的，即便还未成真；美国学生的研究显示，在面谈时欺瞒和夸大自己学习成绩的人，会在随后赶上他们之前说的那个分数[①]。

这种“大言不惭”不只对热衷于此的人有好处，也是经济增长和改善人类生活的手段。在《道德情操论》（*The Theory of Moral Sentiments*）一书中，亚当·斯密（Adam Smith）描述了一位穷人的儿子羡慕有钱人的富裕生活，当看到他们拥有的光辉的宫殿、漂亮的马车和成群的仆人时，他想：“如果我能得到这些的话……生活一定会变得很安宁……光是这么想想都觉得很幸福。”醉心于这个遥远的梦想，他一生都在为此努力。但实际上，他看到的宁静是一种错觉。他变得富有，但他必须努力工作，不得休息。“穷其一生，他都在追求别人的、高贵的休憩，这是他可能永远都得不到的。为了这个目标，他牺牲了真正的平静——而这始终都是由他自己决定的。”这位男子的自我欺骗带给了他成就，然而更重要的是，带来了社会利益。“这样的欺骗，”斯密说，“振奋并

① 某些证据显示，男人比女人更容易有正向错觉，而女人较可能对自己产生负面错觉——认为自己不灵巧、没有能力。但我们很难确认这是不是因为性别或身体力量方面的差异。不过，如果女性处于主导地位，更可能产生正向错觉；而当男性处于从属地位时，则较容易产生负面错觉。

维持人类产业的运作。”

最初，他们开垦土地、建造房屋、建立城镇、发明并改善科学和艺术，让人类生活变得高尚、美好；他们完全改变了地球的面貌，将原始森林开发成有用的、肥沃的土地，让人迹罕至的贫瘠海洋变成维持生活的新资源，开辟了连接世界上不同国度间的重要大路。

经济历史学家约翰·奈（John V.C. Nye）认为，当商人变得太理性或太明智时，那个国家的经济就会死气沉沉。每一个充满动力的经济需要奈所谓的“幸运的傻瓜”，过度乐观的企业更愿意放手一搏。**如果没有人愿意忽略一般性的常识和公众的资讯，不愿意跟着自己的直觉走，许多大型的发明和创造性的跳跃就不会发生。**每年都有数以万计的商人带着自己的雄心开创事业，他们很清楚当时的时机并不利于他们发展那种改变世界的事业，但这是他们的梦想。大多数人都失败了，或者调整了自己的目标，但少数人的公司变成了“苹果”“星巴克”或“戴森（Dyson）”。我们写下一点儿都不好看的小说或谱出不好听的音乐，希望借此探寻人类生活的秘密，即便知道大家都已经尝试并失败过。偶尔在这样的情况下，有些人写出了《第二十二条军规》（*Catch-22*）、谱出了《英雄交响曲》（*Eroica Symphony*）或发现了DNA。如同乔治·萧伯纳（George Bernard Shaw）观察到的，**有理性的人适应这个世界。不理性的人让这个世界适应自己。然而，所有的进步都有赖于这些不理性的人。**

当然，过度自信的人也容易在他们的行为中造成某些对自己不利的影响。心理学家埃伦·兰格（Ellen Langer）让受试者玩一种博彩游戏，玩家可以随意抽取扑克牌，但必须判断谁手上的牌会比较大。每位受试者会和两位对手玩牌，一位是衣冠楚楚、充满自信的对手（体面者），另一位是衣衫褴褛、身形粗鄙的对手（穷酸者）。她的受试者在面对后者时，更愿意冒险。他们会想“我比他优秀，我一定会赢。”这场游戏是完全随机的，受试者们也知道，但他们高度的自信（我比“落魄者”厉害）非理性地扩张到另一方面（我会拿到较好的牌）。这种错觉是过度自信的关键标志，它能够用来解释在1990年美国在线（AOL）和时代华纳（Time Warner）的合并案中，为什么双方都认为自己完全有能力经营对方的公司（这个合并案被证实是商业史上最大的错误之一）；也能够说明为什么在2008年，许多银行家认为既然他们有借贷的能力，那么他们对资本市场的博弈也很在行。

这个效果从正反两方面都能说得通。旁观者经常假设，因为某个人在某方面表现优异（例如公众演说能力），那么他大概在其他方面也会很不错（例如统治）。在组织中，如果个人的贡献都差不多，那么那些过度自信的人得到晋升的速度会较快，这是因为他们会散发出较多的“能力线索”：他们讲话较大声、发言较果断、姿态较有力——我们通常会假设这些表现往往表示他们在工作上较有能力。因此，良性的循环就产生了：他们晋升了，这使得他们更有自信，自信又让他们升迁到更高的职位。而后，这些人也会用自己的印象去聘用或升迁其他人，直到董事会中都充斥着这些言谈得体、稳如磐石的自信人士（通常不合理），并且员工对他们在决定中的智慧也充满信任。

只是不久后，这些过度自信但能力不足的人就会回归本相，不是吗？其实并不尽然。过度自信的人更可能采纳有风险的决定，认为他们只要不是在疯狂冒险，还是有获得回馈的机会的，特别是在条件有利之时。在这些情况下，即使失败了，他们也会认为是自己运气不好。后来，他们果然如愿得到了超级明星的地位，薪水也水涨船高。不过，当两位极端自信的人遇到一起时，灾难发生的概率就会提高。

正向错觉的冲突：战事中的自我欺骗

在1532年11月15日的黄昏，西班牙的探险者弗朗西斯科·皮萨罗（Francisco Pizarro）带领一支疲惫的队伍从秘鲁北边的高地上下来后，进入卡哈马卡（Cajamarca）。在这个小镇的广场上，他对大家宣布他的计划。印加的皇帝阿塔瓦尔帕（Atahualpa）第二天将在广场上接见他们，表面上双方要进行土地买卖，实际上他们会被印加的军队包围。皮萨罗说，这是逮到皇帝、获得赎金的大好机会。至于皮萨罗的军队对这个计划有什么想法，历史上并无记载；但他们离家千万里，没有别的选择，只能在广场上搭起帐篷，抓紧时间休息并准备明天应战。夜幕降临后，西班牙人看到一些漂亮但让人惊恐的东西：上千盏灯闪耀在城墙四周，就好像缀满繁星的夜空被扯下来盖在山头上一样。每一盏灯光都是阿塔瓦尔帕士兵点燃的营火。为了不让士气溃散，皮萨罗的兄弟赫尔南多（Hernando）告诉士兵们，他预计有4万印加士兵，虽然他心里清楚，实际人数至少比这两倍都多，而他们自己只有168个人。当晚，没有人能够入睡。

到了清晨，皮萨罗命令士兵们躲进广场四周的堡垒中，等候他的命令。在躲藏的地方，他们看到印加军队像河水一样缓缓从山坡上涌入城内。几个小时后，他们听到了歌声，好几百名印加士兵进入广场，阳光把他们身上的珠宝照得熠熠生辉，而阿塔瓦尔帕本人则坐在一顶装饰着彩色羽毛和金银珠宝的轿子上，由8位穿着祭祀服饰的手下抬了进来。目睹这一切的西班牙士兵害怕不已，某些人吓得尿湿了裤子。他们非常确定，自己一定会死于非命。

阿塔瓦尔帕简短地会见了西班牙牧师，并愤怒地拒绝了对方的要求——他和他的人民是不会改信基督教的。之后，皮萨罗下达攻击的命令，西班牙士兵在听到小号吹起后，用他们笨重但声音奇大的枪炮对印加军队开了火，之后，他们骑着马现了身。这是印加人不曾见过的景象（印加人从未见过马这种动物），阿塔瓦尔帕的士兵被大炮的声音和骑兵们的速度吓坏了，纷纷丢下武器四处逃窜。在逃命的过程中，他们互相推挤踩踏，因此轻易地沦为西班牙人剑下的亡魂。在血腥的混乱之中，皮萨罗逮到了阿塔瓦尔帕，并把这位印加皇帝囚禁了8个月，要求印加支付赎金，但在赎金得手后，他又食言杀了阿塔瓦尔帕。印加人对阿塔瓦尔帕的敬仰有如对他们的太阳神般，因此，阿塔瓦尔帕的死亡加速了印加人的灭亡。

“卡哈马卡战役”或许是战争史上最让人震惊的颠覆性事件，有至少7000名印加人死在不到200名的西班牙士兵手中。这一战在欧洲征服美洲的历史上举足轻重，同时，也引发了人类历史上最大规模的移民潮。西班牙依靠优秀的技术——铁剑、笨重的枪炮和马匹，实现了这一切。但在如此不相称的战役中，这些优势的重要性都比不上皮萨罗的说服力：为了防止士兵们在看到印加的士兵数量后逃跑或投降，他说服他的士兵们，胜利是可能到来的。但在此之前，他必须先说服他自己。

从历史的角度上来看，皮萨罗的乐观似乎颇有远见。在面临对手压倒性的优势时，他看到了别人没有看到的事——惊吓和出其不意的战术也许能够让他的小队伍征服印加部队。但如果他猜错了呢？

※ ※ ※

350年后的小巨角河战役（Battle of Little Bighorn），卡斯特（Custer）将军或许是受到皮萨罗传奇的启发，他带领675人的军队对抗3000名印第安人。卡斯特的军队被歼灭，将军本人也因此丧命。现在看来，卡斯特是造成这场悲剧的元凶。他唯一的特点就是鲁莽。在西点军校时他以第三十四名的成绩毕业，是班里的最后一名。后来在军队中，他又因为两次违纪问题险遭开除。但在美国内战期间，有一个长官说他有一种“孤勇”，这使他格外受赏识。在被提拔后，他在某场戏剧化的战役中脱颖而出，同时又由于在阿波马托克斯（Appomattox）战平了对手而备受器重。他或许因此认为自己是个聪明又无畏的领袖，而不是个单靠运气、一无是处的男人。

战争结束后，他渐渐没了声息。后来，美国总统尤里塞斯·格兰特（Ulysses Grant）命令军队去摆平占领着黄石河和巨角河之间的平原的印第安人，卡斯特希望这一战可以恢复他的名声。在1876年6月25日，他没有听取让军团带上格林机关枪的建议，并蔑视了那些只知道恐惧的人的警告，同时有意忽略了上级长官谨慎的计划便去应战，这种过度自信使他和他的军队踏上了不归路。

※ ※ ※

威灵顿公爵说过：“世界上没有比英勇的军官更愚蠢的人了。”如果皮萨罗在那场大胆的赌博中输掉了，我们对他的评价应该会像对卡斯特以及另外数以百计不知名的军官一样，说他们是既不负责又充满妄想的蠢材。在军事史上，卡斯特之流远比皮萨罗这类人要多得多，多到甚至出现了一个称谓，即“无能的军事家”。一次又一次，军官们欺骗他们自己以及属下，去相信一场又一场不可能获胜的战役。有时候他们是对的，但更多的时候他们彻底错了。诺曼·狄克逊（Norman Dixon）是一位将心理分析应用在军事史上的历史学家，他说，**军事领袖都有一种“低估对方和高估己方”的倾向，这是军事灾难中一贯的特点**。第二次布尔战争（Boer War，英国人与荷裔布尔人为了争夺南非殖民地引发的战争，共有两次）、第一次世界大战、第二次世界大战中的所有战败方，都存在不切实际和过度自信的问题。

过度自信在军队中引发的问题显然很严重。尝到过成功甜头的士兵更愿意在压力下欺骗自己：只要运气好，他就能立下战功。而一旦这些鲁莽的人得到晋升的机会，并参与战事的决策，他过度的自信就会牺牲掉成百上千条士兵的性命。

在民主社会中，成功的政治人物很可能特别擅长自我欺骗。在2008年的美国大选时，奥巴马曾经说过，从某种程度上来说，想要当总统的人都是自恋狂。因为，你必须至少要疯狂地相信该由你来领导国家，之后才会有足够多的人同意让你的梦想成真；如果没有人这样说服自己，就没有人可以当总统。这也让我们了解到，资本主义国家的统治阶级显然更需要极端的乐观主义。而且，军事策略学家迈克尔·汉德尔（Michael Handel）也指出，在面临战事时，政治人物比将军更擅长自我欺骗，因为政治人物经常处理的事务是“非实体”的事务，像是猜测对手的意图或是制定政策等，而非航拍图和坦克、部队集中地区等有“具体”证据的事务。因此他们也更容易用道德的观点来考虑战争，像是正义和邪恶之战，不用说，他们永远是正义的一方。

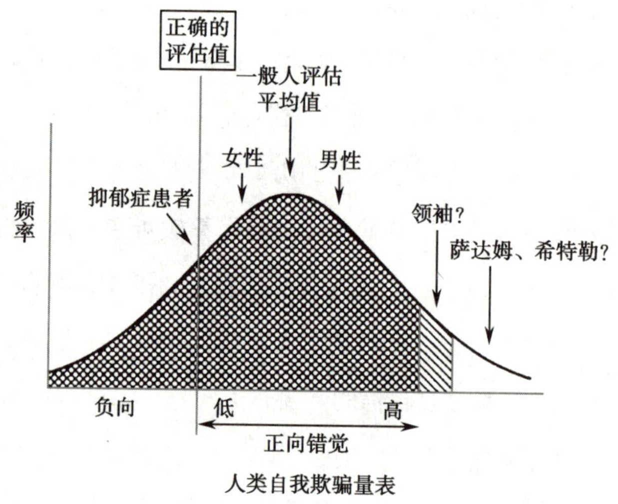

人类自我欺骗量表

多米尼克·约翰逊（Dominic Johnson）是《过度自信和战争：正向错觉的浩劫与荣耀》（*Overconfidence and War: the Havoc and Glory of Positive Illusions*）一书的作者，他设计了一张“人类自我欺骗量表”（见上图）。军队是否应该只提拔那些不会过度自信的军官呢？选民是否也该选择这样的政治领袖呢？这都不尽然。因为，自我欺骗再加上其他的特质，的确能够造就一名伟大的领袖。托马斯·霍布斯（Thomas Hobbes）说：“武力和鼓吹是战争中主要的美德。”自我欺骗对这两种美德都有帮助。欺骗自己有能力赢得战争，能够强化你在战事中的表现；而虚张声势能够增长军队的信心，还能影响敌方士气。打击敌人最有效的方法，就是吹嘘你会打倒他们。如果吹嘘成功的话，你不但能赢得战争，还能避免交火引发的人员伤亡。但如果双方都是过度自信的吹嘘者，灾难将更有可能发生，因为双方人马都高估了自己获胜的可能，谁也阻挡不了他们想要证明自己能力的冲动。人类学家理查德·兰厄姆（Richard Wrangham）总结道，这就是人类历史上为什么会出现这么多毫无理性的、摧毁式战争的原因。

“要永远记住，”温斯顿·丘吉尔（Winston Churchill）说，“不论你多么确定自己拥有轻易获胜的机会，一定要想到，如果对手不是同样确定的话，你们还会打起来吗？”对于这个警告，好战的领袖们向来是听而不闻、忽略不计的。对我们而言，则得到了一个麻烦的矛盾性总结：**自我欺骗对个体有益，对团体也有益，但对全人类却有致命的损害。**

“每个人都开始说谎”：萨达姆的背水一战

战争中较好的部分就是欺骗。

——萨达姆

2003年的伊拉克战争就是个警世的好例子，它充分说明了当两组错觉叠加在一起时，会发生怎样的灾难。现在已经有许多人着墨于西方世界的失算，而我在这里则打算将焦点聚集在伊拉克方面。至少，相比美国和盟军犯下的所有错误而言，萨达姆的错误也不少。

2001年的“9·11”事件后，美国政府持续性地放出消息，传达出美国准备对这个他们多年来一直宣告要移除的独裁政权进行武力推翻。现在我们已经清楚地知道，萨达姆自从1998年以后就不再拥有大规模的杀伤性武器，然而他让所有人都相信（包括西方世界的智囊团、中东的邻国以及他自己的人民），他正在筹谋制造这些武器。如果动作够快的话，萨达姆可以和美国的盟军达成协议，让他保有政权，但他没有这样做，而且也从未改变他吹嘘的立场。即便大家都知道，小布什总统领导的美国要极力除掉他，萨达姆的军队也未能对战事预先做准备。伊拉克政权的快速垮台对侵略者而言虽然是好事，但大大出乎全世界人民意料之外的是，萨达姆甚至没有安排自己的退路：在美军入侵的7个月后，发现这位独裁者躲在他家附近的地窖里。而在过去的23年里，萨达姆经历过内战、刺杀、两次战争、多次逃亡，国际诸强都想除掉他。为什么这个精于自我保护的人会这样就步入了2003年的失败中呢？答案跟欺骗的动力脱不了干系。

※ ※ ※

萨达姆被逮捕后，把他在战前的计划告知了讯问者。事隔多年以后，我们对他的想法，已经比当时有了更清晰的了解。在萨达姆政权垮台后，美国军队从政府机关和萨达姆的宫殿中得到许多重要文件，包括上千份萨达姆和内部人士的通话记录（萨达姆有一种尼克森式的习惯，会将所有的会议和电话都录音）。美国军队将这些大量的卷宗交给凯文·伍德兹（Kevin woods）博士领导的团队，作为“了解敌人”的重要资料。伍德兹博士是一位国防分析专家，同时也是一名退役军官，曾就职于美国联合部队司令部。

2003年夏天，伍德兹在巴格达待了3个多月，和伊拉克军队及政府成员面谈，那时候这些人都受到西方联盟的监禁。伍德兹总是在桌子上摊放着一张地图，邀请这些人跟他详谈。“我不是来讯问你的，”他对他们保证，“我是来听你讲故事的。”这些经验丰富又骄傲的人士大多数都很乐意[①]，热切地想要利用这个机会让全世界知道，他们和他们的部队在难以想象的艰苦环境下所做的牺牲。接下来，在超过5年的时间里，伍德兹将他们的证词以及文件证据拼凑在一起，让世人看到萨达姆极权对战争有所准备或毫无准备的各种细节。伍德兹发现，从2003年年初开始，萨达姆眼中的世界和西方人眼中的世界就突然不一样了。

※ ※ ※

当美国军队进入伊拉克后，对于伊拉克军队表现出来的毫无准备感到既惊又喜。例如，伊拉克并未炸毁横跨在幼发拉底河上方的桥梁，这使得美军能够长驱直入。在巴格达被攻陷后，一位伊拉克的高级军官被问道，他在美军入侵之前有过什么样的设想。军官回忆道，他和他的同

① 在第一次海湾战争中，伍德兹曾指挥一个阿帕契直升机连队。在2003年的讯问中，他发现一位即将被讯问的人是伊拉克的资深侍卫，曾经指挥位于科威特北方空阔沙漠地带的装甲坦克旅（这支部队后来被伍德兹和他的连队摧毁）。在和这位军官面谈了几次以后，伍德兹告诉了他自己曾经和他在战场上交锋过。于是，这名伊拉克人平静地叙述了从枪孔的另一边看到的可怕场景。

事们完全没有想过这个问题，比起美国的军队，他们更关心来自土耳其和伊朗的威胁。整个军队都怀着这种幻想着实让人惊讶，而这样的幻想和伊拉克领袖的想法完全一样。

全世界都认为1991年的海湾战争（沙漠风暴）是萨达姆的耻辱。但面对两个矛盾的认知，萨达姆或者选择他的军队被联军蹂躏、他被迫退出科威特，或者选择自我欺骗——自己是阿拉伯世界不败的领袖，后来，他决定将海湾战争视为一种胜利。毕竟，他和他的政权在面对西方强权时仍旧存活了下来。1992年，当老布什总统接连遭遇失败，萨达姆的信念再度得以强化，他将老布什的落选视为是自己的功劳。在面对来自美国的新威胁时，萨达姆一方面怀疑，另一方面又泰然自若。他告诉他的军事参谋，即便美国是认真的——小布什想要超越他父亲的成就占领巴格达——但美国军队人数和盟友都只剩下了一半。对萨达姆来说，美国对付伊拉克的续集不过是第一集的翻版，而且结局只会让伊拉克获得更多的荣光。

萨达姆的幕僚们不愿意对他说真话——美国有强烈的意愿也有足够的实力将他除之而后快——他们告诉萨达姆他想要听的。他的外交官对他保证，美国和英国不会在俄国及法国缺席的情况下发动战争，而他的将军们也欺骗他说新型的武器即将诞生，但事实上这种武器根本不存在。军队将萨达姆的观点加以内化，更专注于国内和邻国的挑衅，不再关注来自美国和英国的威胁。即便后来被入侵，这样的错觉仍旧存在。军队没有选择炸毁幼发拉底河桥梁，是因为他们打算在美军撤退后用于扫除内部的反叛势力。萨达姆的贴身秘书告诉伍德兹，在美军入侵的10天后，萨达姆对于战胜美军仍然信心十足。

※ ※ ※

第二次世界大战时，英国海军的情报头子约翰·戈弗雷（John Godfrey）上将注意到，在出现两个相互矛盾的信息时，领袖们总是倾向于“相信较为符合他们先前已经形成的自我概念”的信息。希特勒的军官擅长扭曲或捏造一些证据，用来证实他们已经相信的事；即便大批德军压境，斯大林仍然拒绝相信纳粹将在1941年入侵苏联。萨达姆政权也被戈弗雷所谓的“一厢情愿”和“拍马屁主义”的弱点所围绕。每个人都听说过伊拉克前卫生部长利雅德·易卜拉欣（Riyadh Ibrahim）的传奇故事。在两伊战争的最低潮，萨达姆要求首长们提供战事建议。易卜拉欣鲁莽地建议萨达姆考虑暂时退位，一旦和平斡旋成功再选择复位，萨达姆立刻让人将他带走。第二天，易卜拉欣变成了一具被分割了的尸体回到了家。“这种效果对于集中统一内阁官员们的想法十分有力。”易卜拉欣的前同事说。在这件事发生的20年后，那些打算告诉萨达姆一些他可能不想听的事实的军官，仍然心有余悸。

然而，至少有一个人说了实话。在第一次海湾战争结束的4年后，一位伊拉克资深侍卫胆敢挑战政权的权威。以下是他对伍德兹的描述：

当时，举办了一场大型的军事科学演讲和研讨会，萨达姆和多数军事领袖都参加了那场盛会。我们3个人被安排在会上阅读自己的论文。我的论文的中心思想非常简单：我们的实力变弱了，而美国的科技能力正在增长。到了1995年，我们已经知道我们正向着战争迈进，但我们缺乏能力。我说，我们应该改变伊拉克军队的部署，从重步兵修正为轻步兵。我们应该采用轻步兵编制，并且打游击战，用连打带跑的策略。我是第一位发言者，萨达姆对我的论文非常气愤。我被说成是美国思想的精神人质，其他要发表类似论文的人都害怕不已，纷纷临时更改了报告的内容，大概就是从这时候开始，每个人都开始说谎。

萨达姆营造了一个惩罚性的环境。在这样的环境中，存活的合理策略就是对所有事都说谎[①]。最后，萨达姆以及他的国家成了欺骗和自我欺骗的牺牲品。

※ ※ ※

在依次研习了数学、法律和美国历史后，罗伯特·特里弗斯（Robert Trivers）的学术生涯后来落脚在演化生物学上。特里弗斯着迷于达尔文的理论，他知道当时没有人就人类的社会行为以及过失的补救机制提供演化方面的合理解释。在20世纪70年代早期，当特里弗斯还是一名在校大学生时，他就发表了5篇精彩的论文，包括利他主义和自我欺骗的激烈新理论。

特里弗斯的理论认为，人类产生自我欺骗行为是为了成为更好的欺骗者，因此在权谋政治的欺骗和反欺骗中胜算更高。那些想要

① 根据伊拉克调查小组（一个由美国情报单位成立的独立单位，目标是调查事实）所言，萨达姆知道他的下属有说谎的倾向，早期还会花些时间去调查，然而随着他越来越深居简出，这样的调查也就不了了之。1998年美国和英国联军的轰炸行动（沙漠之狐行动）把他其中的一座宫殿炸成了废墟。从那之后，他就撤退到更小、更封闭也更隐秘的世界里去了。

告诉潜在盟友或伙伴自己是好人的人，如果能够进行完美的自我欺骗，就能够达成目的。**撒谎最有效的方法，就是从心里不觉得自己在说谎。最好的谎言家也就是那些最会欺骗自己的人，因为他们在说谎时，真的相信了自己的谎言。**他们更可能获得存活的机会，更容易将他们的基因传承下去，而他们的下一代当然也传承了祖先的自我欺骗的基因。

即便这种说法有那么一点儿浅陋，不过它仍提供了一种有用的思考方式。欺骗和自我欺骗彼此依赖。人们乐意告诉长官他想要听到的话，同时让自己告别犹豫不决、缺乏信念或不忠实的印象。精于此道的人都能获得升迁，他们的长官对自己的能力也充满自信。当组织中的每个人都遵循同样的思想时，每个人都开始相信它，即便这样的信念与事实相抵触。当组织由过度自信和过度强势的领袖领导时，一个完全无缺点的虚假事实就被形成了。

错觉和幻觉有一个重要的区别。正常的人可能是不切实际的乐观主义者，但他不会漠视现实。当新的事实打消我们的错觉时，我们多数人都有应对新事实的能力——虽然有时候我们花费的时间似乎过长。错觉和幻觉最根本的区别，用泰勒的话来说就是“错觉可以迁就事实，而幻觉是一种无视事实的错觉信念”。

历史学家克里斯多夫·安德鲁（Christopher Andrew）认为，萨达姆政权智囊团的最主要的目的就是强化其政权对外在世界的错觉。在萨达姆领导下的伊拉克，国家安全设备的每个部件都合谋去阻绝所有与萨达姆现实观相冲突的信息，因此产生了欺骗和自我欺骗。

※ ※ ※

讲到WMD（weapons of mass destruction，即大规模杀伤性武器），萨达姆企图在两个矛盾的目标间取舍。一方面，他希望国内以及区域内的潜在对手知道，他不是个好欺负的对象。他经常提醒他的参事们，伊拉克身处危险的境地，若是展现自己的弱点，就可能被邻国生吞活剥，化学武器与核武器就等同于贴在伊拉克大门上的“内有恶犬”的警示牌；另一方面，他知道一旦西方世界相信他拥有大规模杀伤性武器，他将遭受制裁，并且面临美军的武力威胁。因此，他容许联合国的检查员登堂入室，同时又让他的邻国知道，他不会真的如美国所愿。当然，国外的领袖也都注意到他的暗示和吹嘘，这更强化了他们的怀疑：萨达姆有秘密。

萨达姆既不愚蠢也不是莽撞之人，他能够猜透别人的意图和情绪。正如伍德兹所说，作为一个被部落、家族和宗派搞得四分五裂、持续受到外国威胁的国家领袖，他必须这样才能生存下去[①]。然而，萨达姆“读心术”的能力随着对话者与他的领地的距离增加而递减。面对生存的条件，他必须被视为一个“对一切都感觉不满的人”（而非“可信任者”），但他推测外国领导者动机的能力，却远不及自己想象得好，特别是那些中东以外的国家。就像博彩游戏的参与者，他太容易把自己在某方面的自信应用到其他缺乏能力的方面了。

① 其他人给萨达姆人际关系技能的评价远不如萨达姆给自己的那么高，他经常吹嘘自己的能力，以测试周围人的真心。在伍德兹听到的某一盒录音带中，萨达姆对他的将军和首长们说：“我知道你们有谁会背叛我，即便连你们自己都还不知道。”

等萨达姆终于意识到美国要对他的政权动真格的时候，一切已经太晚了。2002年岁末，他允许联合国检查员进入国境，并命令他的军队将所有WMD计划的证据全部毁灭。当美国人监听到这个紧急灭证的行动时，受伊拉克10多年来的欺骗行为所影响，这个行动被判断成是在放假消息。在进入伊拉克后，美军什么都没有发现，他们感到无比震惊。

或许，西方的情报单位会被愚弄，部分原因也在于他们察觉到萨达姆政府中有很多人真诚地相信有这样的计划存在。伍德兹讯问伊拉克WMD的研究领袖一个很直接的问题：他是否相信境内有WMD，还是他根本就不知道？出乎伍德兹的意料之外，那个人点头了。他说因为太过神秘，因此除了萨达姆之外，也许没有人知道所有的事。但他和其他伊拉克的高级军官都认为，除非美国有绝佳的理由相信伊拉克拥有非法武器，否则美国人不会让自己陷入一场盲目的战争。“你的总统说我们有。”所以，他们也跟着相信了。毕竟，CIA不至于犯下这么离谱的错误。

萨达姆建造了一座让各方人马都陷入其中的镜子迷宫，但每个人都只能看到他们想要看见的东西。在导致战争的时期，萨达姆大声宣告他并没有WMD，即使遭受美国威胁，他也从未打退堂鼓。在对这句话的解读上，西方领袖和外交官一致认为第一句是谎言，第二句是吹牛。但仅此一回，萨达姆说的是真话。就像伍德兹说的，萨达姆或许有错觉，但“美国在认为萨达姆没有错觉的这件事上，也未免太像错觉了”。

说谎心理学：

为什么不说谎，我们就活不下去

?

BORN LIARS

第八章　我们赖以为生的谎言（一）：骗人的医药

BORN LIARS

Why We Can't Live Without Deceit

直到最近几年，我们才开始了解，生病和健康并不只是生理反应。模仿力在个人和群体的健康上扮演了重要的角色……我们的物种之所以有如此高的存活力和繁殖力，都是因为我们拥有欺骗自己和他人的能力，即便没有什么客观因素作为依据，我们仍旧认为自己会康复。

过去20年来，在心脏病的治疗方面出现了许多创新性举措。在世界各地，数千位患有心绞痛或相关心脏疾病的患者接受了激光手术。即便在这种疗法的发源地美国，国家的医疗保健机构仍不建议采用这种手段，这是一种在迫不得已的情况下才会用的办法。但进行过这种手术的医生们却十分推崇它，他们都表示，患者原本无法治愈的疾病都可以因这种手术而得到缓解。

密歇根州威廉·博蒙特医院（William Beaumont Hospital）的威廉·奥尼尔（William O'Neill）医生告诉美联社的记者："在20年的执医过程中，我没有见过能给病人带来这么多好处的治疗方式。"弗兰克·沃伦（Frank Warren）是奥尼尔的病人，这位修车工患有严重的心脏疾病已经好多年了。正值40岁的他常常体力不支，连最轻微的运动都会引起心脏的灼烧感。有时候，他连在休息时都会感到疼痛。这些年下来，他动了8次手术都不见好转，然而经过激光手术后，他立刻感受到成效。"我觉得脸上不再那么冷冰冰的了，气色也变好了。"一年后，沃伦参加了马拉松比赛，跑出了令人刮目相看的4小时29分的成绩。

人们会得心绞痛，是因为动脉阻塞，血液和靠血液输送的氧气无法送达心脏，会导致呼吸急促、无法动弹，也会引发疼痛综合征，随时活在心脏病发作的致命风险中。常见的冠状动脉搭桥手术是将患者身体中其他部位的健康动脉移植到心脏上，使血液能够绕过阻塞的血管。

然而在激光治疗中，在胸腔的两根肋骨间需做一个切口。心脏的外层（心包膜）被剥开，让心脏肌肉（心肌）外露。只是医生并不接上新的动脉，而是刺穿心肌，接着用激光枪瞄准患者的心脏，激光枪则连接到一台昂贵、外观特殊的机器上。红色的光点让她知道激光会射在哪里。她扣下扳机（其实是脚踏垫）发射激光，在心肌上烧出一个小如针头的洞。这样重复至少20次。为了拯救性命而在心脏上钻个洞，听起来是件很奇怪的事情，但这种手术就是利用打开的新管道，让外科医师创造新的动脉，使得血液可以流入对氧气饥渴不已的心脏。

执行激光手术的医生不需要依靠经验来强化信心。20世纪90年代末，大量严重心脏病患者（心脏病晚期患者）接受了这种手术。结果非常惊人，相对于其他受到青睐且成熟的手术方式，激光手术的成功率高达75%~90%。

这样让人赞叹的治疗方式只有一个问题：没有人确知它是如何产生作用的。当然，在其背后的理论很有说服力，结果当然也让反对它的人无话可说，不过激光打开的血液管道在数个小时后就会闭合，没有证据显示流到心脏的血量真的增加了。

纽约哥伦比亚大学医学系的教授马丁·利昂（Martin Leon）博士是治疗心脏病的世界级权威，他知道激光手术的成效比其他治疗方式要好，但他也注意到，这种手术并未和保守治疗的手术方法进行过比较。

2005年，利昂进行了一项由300多名、大概五六十岁的心脏病患者组成的疾病小组研究。这些患者都病入膏肓，大多数人接受过至少一次的心脏手术，但问题都未能得到解决。他们被分成3组：高剂量（20~25激光穿刺）小组、低剂量（10~15次）小组及模拟激光治疗的小组。这些患者看到了激光机器，医生对他们解释了激光手术的作用，然后他们被深度麻醉，并被绑上眼罩、听着音乐，被制造一种“意识清醒”的效果。那些接受“虚拟手术”的人清醒后，被告知手术进行得非常顺利。

12个月后，大部分真正接受了激光手术的患者基本上都变得比较健康。他们陶醉在自己重新获得的充沛体力中，纷纷表示最近心绞痛的程度有所减缓，而且比过去几年来更健康也更健壮了。一连串客观测试的结果显示，他们并没有说谎。但奇怪的事在第三组的患者身上发生了——这些假手术的患者也恢复活力了。虽然他们未曾接受任何手术，也没有其他的生理治疗，但他们都觉得自己年轻了好几岁，精神饱满，连常年纠缠他们的心肌疼痛也减缓了。事实上，在比较患者的“术后”状况后，3个组别之间并没有显著的差异。

很显然，你可以享受心脏激光手术的神奇效果，却无须接受真正的激光手术。

※ ※ ※

在拉丁文中，安慰剂（placebo）的原意是“我会满意”，而“Placebo Domino（我将取悦上帝）”这个词则在《圣经·诗篇116》

的拉丁译本中出现。在整个中世纪，这个词是为了亡者做的天主教晚祷的一部分。或许是因为牧师在进行这种由3位祈祷者一同歌颂的仪式时收取费用，这个词显得有点儿贬义，它指一种言不由衷的安慰，或是谀辞[①]。17世纪的哲学家弗朗西斯·培根（Francis Bacon）用它来警告君主，要他们在接受谏言时，不要太过公开地表达自己的意见，免得下面的官员会只说些君主爱听的话，君主的顾问只会对他“唱一首安慰的歌”。“安慰剂”第一次出现在医学范畴中，是在1785年。在乔治·马得拜（George Motherby）的《新医学辞典》（*New Medical Dictionary*）第二版中，安慰剂被定义为：“一种基于习惯的药剂或方法”。这种说法已经暗示它不太可取。安慰剂很快就被指责为只是用来安慰患者，而并非遵照扎实科学原则的治疗。

现代医生都知道，可以提供假处方来减缓焦虑症患者的症状。但多数医生对于在治疗中的必须说谎一事，感到不安。这不只有道德上的疑虑，某些医生还认为，安慰剂在科学用语中是没有意义的。今日的医学已经厘清了科学与迷信的区别，这使得安慰剂的处境十分尴尬。用埃克赛特大学（Exeter University）医学教授爱德华·恩斯特（Edward Ernst）的话说，安慰剂效应是“霸占了科学大屋的幽灵”。结果，安慰剂被视为一种错觉，是虚假的东西，不值得研究。一直到20世纪后半段，欺骗的治疗力量才开始被认真看待，那是因为某位医生在惨烈的战役中有了惊人的发现。

① 《圣经·诗篇116》描述了诗人对上帝的感恩之情，因为上帝让他免于生理危险和精神失望。英国国王詹姆斯钦定的英文译本中，第十一句写道：“我受了极大的磨难。我曾经急促地说：‘人都是会说谎的。’”

亨利·比彻的领悟

1944年1月12日，英军和美军聚集在意大利安齐奥（Anzio）附近的15公里长的海岸边建立了滩头堡。不到一个星期，他们被大量的德军包围——德军开始摘除希特勒所谓的“安齐奥肿瘤”。在第二次世界大战接下来的4个月中，发生了多次野蛮的战役，盟军有近5000名士兵被杀，还有18 000名士兵受伤。

亨利·比彻（Henry Beecher）和盟军们在同一天登陆意大利，他不是士兵，而是自愿深入战地的治疗医生，也是哈佛大学的医学系教授。比彻的专长是止痛。在临时搭建于海滩的医院中，他照料那些等候被疏散到安全区域的美国伤兵。医药补给十分有限，如果当天的患者特别多，止痛药就根本不够用。有一天，一位身受重伤的士兵被送到医院，当时医院的吗啡刚巧用完了。比彻担心如果不注射吗啡的话，士兵将无法承受接下来的手术疼痛，还可能引起心血管性休克。但是，他们似乎别无选择。在绝望中，一位护士为士兵注射了一点儿稀释的盐水，并让士兵以为那是止痛剂。

接下来的结果，彻底颠覆了比彻的医学观。那位痛苦的士兵在接受生理盐水的注射后，立刻出现了和其他被注射吗啡的士兵一样的反应。在手术进行的过程中，士兵只感到了轻微的疼痛，而且完全没有出现休克的症状。比彻惊讶不已。护士善意的谎言竟然和药房中最强劲的止痛药一样有效。接下来几个月，战事如火如荼，只要吗啡耗尽，比彻和他的团队就故技重施，而且效果良好，屡试不爽。

返回家乡后，比彻相信病人对于疗效的信念会大大影响他们的生理反应。他回到哈佛大学后，招募了他的同事们，建议对这种现象进行严格缜密的研究。他们就临床药物实验的结果陆续发表论文，认为安慰剂的效用比已知的更为广泛。当时的医学界长久以来都默许安慰剂的使用，但从那个时候起，医生们才正视这种想象中的医药能发挥出更多的作用。

如果一个人的身体对那些只在他想象中存在的治疗有反应，那么可以推断，想象的元素或许在真正的医药疗效中也占有一席之地。在1955年一篇名为《药效强大的安慰剂》（*The Powerful Placebo*）的论文中，比彻认为除非考虑安慰剂的效果，否则新药的临床实验就不能算是完成，也不会是正确的。即便药剂有效用，患者的病情有好转，部分原因也是由服药这个有安慰意味的动作所带来的。比彻提议，每一种新药都要由两组患者来实验：一组接受药剂，另一组接受他们以为的药剂，但其实只是无疗效的糖块或是类似的东西。

在美国以及全球的发达国家中，比彻的研究促成了临床工作的重大改革。现在，为了争取政府的许可，所有的新药都必须通过两个实验。而且，实验必须采用双盲测试（double-blind）程序。既然人们会因为以为药剂有效用就产生生理反应，那么医生和患者都不该知道，哪些人服用了真药，哪些人服用了安慰剂。双盲的临床实验试图将欺骗和自我欺骗的效果，排除在治疗的真正效果之外。

比彻让世人知道，安慰剂会引发客观的、可测量的生理反应，有时候这种反应和有效的药物一样，甚至比药物更好。即便如此，医药专家也不免认为这种反应是不正常的，而且有些不合法。也有刻板的医学专家试图以个别患者的人格作为解释“安慰剂效应”的主要原因，他们认为，安慰剂对那些耳根软的人特别有效——爱幻想的、神经质的或不够聪明的人。1954年，《柳叶刀》（*The Lancet*）杂志中的一篇论文评论道，安慰剂只对“不聪明或无能力的患者”才有用，因为“这类人比其他人更容易受到安慰剂的影响”。对于这样的说法，我们并没有坚实的证据。

20世纪80年代，脑科学的发展为安慰剂效用提供了更确切的解释。心理医生罗勃特·阿德（Robert Ader）进行了一项实验，让老鼠饮用加了糖精的水，同时又替它们注射一些会压抑它们免疫系统的药剂，让它们生病；过了些日子以后，再给它们喝糖水，但不注射药剂，它们仍旧会有生病的反应。因为一开始饮料就和注射的针剂产生关系，因此能够引起如同毒药一样的反应。阿德制造了一种无可否认的安慰剂生理反应［严格来说，他制造的是“反安慰剂效应（nocebo）”，nocebo一词意思是“我将受到伤害”］。

后来的研究一再证实，安慰剂在人类身上制造了改变生理的强大力量。都灵大学（University of Turin）的神经科学家法布里齐奥·贝内德蒂（Fabrizio Benedetti）研究安慰剂治疗近20年，他观察到安慰剂减缓了生理疼痛、消化系统疾病、抑郁症甚至帕金森症（在帕金森患者的大脑里安装了一个电力模组，当模组被“打开”，就能够减缓他们的症状，只是收效时间十分短暂）。他将患者身体的生物化学反应一一对应到他们对于治疗的不同信念方面。根据贝内德蒂的研究，安慰剂就好像人类健康系统的媒介一样。如果你听到火警声，而且看到烟雾，你就会立刻分泌肾上腺素且心跳加速，让你准备逃生。同样，服用安慰剂也会传送一个信号给大脑——“现在该是好起来的时候了”，于是，身体发生了化学变化。

不过，安慰剂效应有它的极限。例如，目前没有证据显示，它可以阻止癌细胞的扩散。在生理疼痛或与抑郁症等心理功能有关的疾病上，安慰剂的成效特别好。在这些病例中，如果我们期待自己会好转，病情就更可能获得好转，即便这样的期待是建立在谎言之上的。制药产业现在也十分看重安慰剂的作用，而贝内德蒂和其他人的研究方向，则是安慰剂在真实生理反应方面产生的效用。然而，这样的效应多半只从生物学的角度上进行研究，因为传统观念上，医药科学仍旧认为健康只与生理有关。但或许安慰剂效应应该被视为一种拓展现代医学领域的手段——谎言居然也可以和药物一样产生实际疗效，这不是很神奇吗？

新科学种子：富兰克林 vs 麦斯麦

1784年5月22日，法国最杰出的思想家们聚集在帕西（Passy）美国大使馆内的高级花园中。这些杰出的绅士们前来见证一个场景，不知情的访客可能会认为那是一种奇怪的成年礼或是难以理解的行为艺术。一个12岁的男孩戴着眼罩，被一位男性长者引导着走向一棵又一棵的树。每一次他们停在大树前，他都要拥抱大树两分钟。在第一棵树前，他开始流汗、咳嗽并且口吐白沫；到了第二棵树前，他说自己有点儿眩晕；走到第三棵树时，他的状况更糟；等他碰触到第四棵大树时，他倒在地上不断呻吟。那位男子抱起男孩，让他躺在观众面前的草坪上，男孩的身体扭曲成奇怪的姿势。但突然间，他站了起来，拍拍身上的灰尘，宣称自己已经被治愈了。

绅士们并未鼓掌。或许有一两个人谨慎地点了点头，或记下一些笔记，其中包括大使本人。

这个场景不是一种仪式，而是一项测试，虽然发明这个想法的人并未现身。“动物磁性（animal magnetism）”的发现者麦斯麦，与所有这类针对他的调查研究不会、也不想有任何关系。

除了在“施以幻术”这个名词上永垂不朽外，弗朗兹·安东·麦斯麦（Franz Anton Mesmer）一直被当作庸医、骗子和表演者。但身为奥地利人的他，一直认为自己受到了科学先锋的启蒙。作为维也纳大学的年轻医生，他非常努力地把牛顿发现的地心引力应用在医学上，而且打算证实人体是否天生就拥有完美的自愈能力。麦斯麦将磁性传导进患者身体，他的受试者（多半是女性）说，他们强烈感受到能量穿过了他们的身体；某些人虽然当时有激烈的抽搐反应，但事后就变得生气勃勃。

麦斯麦发现，只要用他的手在患者的身体上轻轻一挥，也能够引发同样的磁性效应，这就像牛顿看到从树上掉下来的苹果一样。由此，他做出结论，号称自己已经发现了一种所有动物都能对其他动物释放的磁能，这种磁能的传递源自一些天上的星体，能环绕并穿过动物身体中不可见的液体来发挥作用。当磁能受到一些干扰时，就会导致人类或动物生病；而磁能重获自由时，患者就可以恢复健康。这样的技艺只有麦斯麦和少数被上天精选的学徒才有资格实施。麦斯麦对于根基深厚、架构完善的宗教充满怀疑，然而他却重塑了驱魔的宗教法术，并让自己成为这个宗教的传道者。

麦斯麦是个沉默、严肃的人，有一双锐利的眼睛，前额非常宽大。

他在维也纳的同事对他激烈的观点都持有敌意，所以麦斯麦在1778年，也就是在他44岁时，移居到号称“欧洲智力发酵中心”的巴黎。在妻子的协助下，他在旺多姆广场（Place Vendome）租了间豪华公寓，铺上厚重、吸音的地毯，并且在主要的客厅里摆满各种奇怪的物件。主客厅的中间有一个让人印象深刻、怪异的仪器：10英尺高的橡木桶，里面装满了“磁性水”的瓶子。木桶的盖子上有一个洞，洞口伸出一支铁杆。一切都安置妥当后，这位来自维也纳的神秘医生宣布，他要开张营业了。

麦斯麦喜欢公开的治疗聚会，这里很快成为城里最热闹的聚点。在放下窗帘后，那些形形色色的患者们盘腿围着木桶坐下。在昏暗的灯光下，他们手牵着手，被一条绳捆绑在一起，形成一道“链”，以便让磁流能够通过，就好像电流穿过电线一样。隔壁房间传来空灵的、如同异世界的音乐。等到没有任何人说话时，麦斯麦走了进来。他穿着紫丁香色的绸缎袍子，慢慢在患者间移动，轻轻地用铁棍碰触着患者。偶尔他也会坐在某位病人面前，和他脚抵着脚，膝碰着膝，并将手放在他的头上或肩上，直直地盯着他的眼睛，他的患者们会叹息、尖叫、发呆、昏倒，甚至倒在地上抽搐，这时候助理就会把他们带到一个特别的、铺满床垫的休息室，等他们恢复。等到麦斯麦的患者们走出房间后，他们眨着眼睛，宣称自己原来的哮喘、痛风、癫痫等病症，都奇迹般地被治愈了。

麦斯麦到达巴黎的那一年，伏尔泰（Voltaire）过世，这个城市的百姓已经对于旧启蒙时代的狭窄论述感到无趣，他们热爱新的魔法：大众科学——以及禁不起检验的伪科学。这个世界充满神秘、神奇的力量：牛顿的重力、富兰克林的电力、拉瓦锡（Lavoisier）的氧气以及孟高费尔兄弟（Montgolfiers）的燃气——你没看到吗？燃气会带着你飞上天空。

谁敢说麦斯麦宣称的看不到的磁能比以上的及其他的物质（醚、瘴气、燃料）更不真实？

众多有利条件变成了麦斯麦幻术发酵的温床，他成为欧洲最为人所津津乐道的人物。他从富裕的患者那里得到了很多馈赠，同时靠把幻术传授给神秘会社而获得报酬，他开始逐渐变得富有。麦斯麦的做法也引起记者们的争相报道，他甚至还接到玛丽·安托瓦内特皇后（Queen Marie Antoinette）的赞助，同时在学术圈、咖啡厅和沙龙间引发了激烈的争论。在法国国体摇摇欲坠、大革命持续酝酿的大环境下，关于幻术的小册子竟比关于政治类的刊物还多。支持他的人认为他解决了人类的病痛，但批评者谴责他是名庸医，还说他是以治病为由，专门诱骗女病人的色狼。

麦斯麦的声名鹊起使得当时的医生和科学家无比焦虑，因为他们的信用和生计都受到了威胁。1784年，在大量的政治游说下，国王同意该是在科学和迷信、真相和谎话间画清界限的时候了。他果断组成皇家委员会，要求他们找出麦斯麦“动物磁性”的治疗是否真有效果的实际证据。委员会的成员包括被视为现代化学之父的安托万–洛朗·拉瓦锡（Antoine Lavoisier）、天文学家让–希勒瓦·巴伊（Jean–Sylvain Bailly）和解剖学教授约瑟夫–伊格纳茨·吉约丹（Joseph–Ignace Guillotin，他发明的断头台以吉约丹命名，后来砍掉了拉瓦锡和巴伊的头颅）。而在如此受人敬仰的组合中，最让人尊崇的委员则是美国的大使富兰克林。

既然是内政，按理法国国王不该邀请美国大使参与此事，更何况这位大使的主要任务是尽可能榨取政府的贷款，建立共和政体。但是富兰克林在法国首都处于一个特殊的位置。在美国家乡，他对英国和法国的情感，使他在某些人眼中显得十分可疑。然而在法国，富兰克林先生可是位家喻户晓的名人，他驯服闪电，还建立了美国，加上他那民主自由的新主张、独特的魅力，使他受到了更多的爱戴与尊敬。到处都可以看到他的肖像——在油画、版画、鼻烟壶、戒指甚至硬币上。不过，邀请富兰克林进入委员会，却是国王打的小算盘：要想说服大众这次的调查并不是针对外国人，那么找一名外国人来干就太合适不过了。

※ ※ ※

富兰克林曾经见过麦斯麦这位绅士，麦斯麦曾经用玻璃风琴为国王开过音乐安慰剂。这个乐器还是富兰克林发明的，却让麦斯麦深爱不已。这位奥地利人在维也纳的庄园中也有架玻璃风琴，他喜欢在宾客面前演奏，莫扎特（Leopold Mozart）及其儿子都是他的座上宾（小莫扎特后来还创作了好几首玻璃风琴的乐曲）。后来，麦斯麦将风琴带到了巴黎。1779年，他曾经邀请富兰克林以及两人共同的朋友布瑞林夫人（Madame Brillon）到家中聆听他演奏玻璃风琴。当然，这也是一个借口，麦斯麦其实很希望得到委员会的认可，他用了一整个晚上和富兰克林讨论他的磁性液体，但富兰克林只想听演奏。

等到皇家委员会成立后，麦斯麦已经放弃了寻求官方的认同，同时也拒绝和官方合作。他知道委员会的亲信都聚集在富兰克林的花园里，给他贴上“骗子”的标签：他们自我保护的本能迫使他们这样做。不过，他也并不担心——他还被大众关注，而且他的方法的确有效，有上百名患者可以证明这一点；而对委员会里那些严肃的绅士来说，他们并不想知道幻术是否有效，他们想要知道为什么幻术会看起来有效。

※ ※ ※

为了对富兰克林的高龄（78岁）表示敬重，同时担心他因为旅途而不适（他患有严重的肾结石），委员会的工作在帕西进行。而在此时，前法庭医生查尔斯·德世朗（Charles Deslon）此时却同意担任麦斯麦幻术的鼓吹者。德世朗是唯一一位从医学学会转为信奉幻术的人，因此也受到医界同事的排挤，没有人比他更希望证明幻术是有效的。

在花了好几个星期聆听德世朗关于麦斯麦理论的讲解后，委员们认为幻术的效果有限（富兰克林只认为这一切无聊透顶），接着他们进行一系列的实验。在某项实验中，他们给一位先前对幻术有所反应的女士绑上眼罩，在她不知情的情况下，由德世朗来进行幻术，结果一点儿反应也没有；又在另一位患者面前放了5杯水，她喝到第四杯时开始抽搐，然而她还是平静地喝下了第五杯水，她是唯一被成功施行幻术的；接下来就是我们在前面提到的那个男孩的故事。德世朗用他的棍子划过后，富兰克林花园里的一棵杏树被“磁化”了。接着，德世朗被要求选择一位受试者接受实验——他故意挑选一位看起来病恹恹的男孩，因为他对动物磁性特别敏感。这个男孩在接触到树木以前就已经病重。在这些实验结束后，委员会认定这是现代医药科学史上第一个有关的安慰剂盲目测验。

委员会的报告在1784年9月出版，这部伟大著作清楚地记录了富兰克林及其同事们的想法。它谨慎地说明，经过调查之后，他们未能发现麦斯麦的磁性液体拥有医疗作用的任何证据。效果是真实的——没有任何证据显示那位生病的男孩以及其他的受试者假装病危，然后假装复原——但原因得到其他地方去找：

因此我们被迫放弃寻找物理证据，我们必须从心理调查入手；也不能再像医生那样，而应当要改行成为哲学家……尽管磁性对我们而言并不存在，我们仍旧对最让人震惊的两种力量惊叹不已：模仿力和想象力。这是新科学的种子，精神的力量超过了生理力量。

接下来的好几年，法国仍旧流行幻术。不过，自从被委员会羞辱后，麦斯麦离开了巴黎，前往英国和意大利，希望在这些地方另起炉灶，只可惜未能如愿。1815年，他在德国的康斯坦茨湖（Lake Constance）边去世，在这个离他出生地不远的地方，玻璃风琴的乐音为他送葬。德世朗则在1786年8月去世，当时他正被施以幻术。

※ ※ ※

幻术调查报告的作者发现，动物磁性的治疗，事实上是由社会和心理因素所引发的（模仿力和想象力）。因此，他们谨慎地不因为这是无关的或没有价值的研究而否定这些效果。他们所说的“新科学”隐含着我们现在社会科学的总和：心理学、人类学、社会学，生物医学。

过去的两个世纪以来，医学专业人士未能好好培植富兰克林及拉瓦锡撒下的种子。在努力与迷信、魔术和骗术做区分时，医学也在科学和其他未知事物之间筑起了墙。结果，当“精神力量大过生理力量”的案例出现时，就成了被医生和研究者们刻意忽视的禁忌。医生认为自己是物理世界的科学家，他们研究的对象是人体，而医学的本质必须根据可信赖的规律来运作（当然，这也是麦斯麦看待事情的方法）。就像医学历史学家大卫·莫里斯（David Morris）所言，如果你把身体想象成是一部机器，那么，相信谎言的力量可以消除疼痛，就好像“用油缸装茶水”一样不合理。

直到最近几年，我们才开始了解，生病和健康并不只是生理反应。模仿力在个人和群体的健康上扮演了重要的角色，当患者被其他有同样经验的患者包围时，麦斯麦的治疗特别有效。现在有许多证据显示行为和健康会受到周围环境的强烈影响，例如在对心脏病和肥胖症等疾病的调查与追踪中，都发现了这种现象。

我们的健康和我们与其他人的关系息息相关，特别是那些试图治疗我们的人。医生对于治愈疾病的信心高低，以及他们有意无意传递出来的信息，都会影响我们和疾病的关系。用医学人类学家丹尼尔·摩尔曼（Daniel Moerman）的话来说，医生的风范似乎能够“启动医术”。医学研究者针对心绞痛治疗的文献回顾指出，20世纪四五十年代的成功用药，到了60年代的药效似乎大幅减退。这样的改变很难用生物学的观点来解释：毕竟是一样的药物，一样的病情。研究者认为，这种现象和双盲实验的兴起有关，这种实验让医生们得知，他们开的某些药物效果不见得比安慰剂更好。换句话说，那些配方如果来自强烈相信药效的医生，那么患者的康复状况会比那些连他们的医生都怀疑药效的患者要来得好。

不只医生本人会影响我们的信心或激发我们的想象力，医生周遭的所有事物都会影响我们：健康及治疗的文化象征。心理学家欧文·基尔希（Irving Kirsch）招募一些学生进行新的麻醉霜实验，他还为那款假的麻醉霜取了个响亮的名字：三效霜。学生们都看到药罐，也看到标签上"研究用药"几个字。实验者——她自我介绍是一名"行为医学研究者"——穿了一袭白袍，戴了手术专用的手套，她解释道，她不想过度暴露在三效霜下。她在学生的某根手指上涂抹假的药物，并等它"发生作用"的两分钟后，用一个工具在学生所有的手指上施力，学生必须评估每根手指疼痛的程度。他们都表示，"被涂抹药物"的手指不太疼。英国一种头痛药丸的研究显示，没有品牌的真实药物比没有品牌的假药物效果更好，但当安慰剂被包装在知名头痛药的盒子里时，效果比真实药物更好。有品牌的真实药物效果最好。

在患者接受真正的医学治疗企图重获健康的过程中，有三件事情在同时进行。首先，手术过程或药物引发的生理效果作用在身体上；其次，身体绝佳的自愈系统也起了作用，自愈系统的行动会因为患者对康复的期待而被强化，治疗可以催化这个期待；第三，患者对治疗者的信念会影响患者的期待，进而影响他们的生理状态。"安慰剂效应"这个名词至少包括后面两项，而后面两项又不可能在缺少第一项的前提下产生，因此我们最好将它命名为"信念效应"——毕竟，安慰剂药丸就定义来说是什么效果也没有的。安慰剂只是治疗时的一个名词，因为某些人相信他们接受的治疗会让他们康复。如果你不相信谎言，它就不会让你变得更健康。

※ ※ ※

富兰克林加入委员会前不久，曾经回复过一位患者的来信，从信上可以明显看出富兰克林对于麦斯麦幻术的怀疑。这位患者就是否值得到巴黎接受麦斯麦治疗的事情征询富兰克林的意见，富兰克林的信中充满了对此事的看法：

有许多疾病会自然痊愈，也有很多人会在疾病自然痊愈时自我欺骗或欺骗他人……我们不得不担心，我们对于治疗疾病的新方法带来的巨大效益的期待，最后被证实只是一场错觉。

然而，在某些案例中，这样的幻觉也许可以发挥一些作用。在每个大城市中，总有些人老是在生病，因为他们醉心医药，老是在用药，伤害了他们的体质。如果能够说服这些人不用药物，然后期待仅仅是医生的手指或指向他们的铁棒就能够治愈他们，无疑是很美妙的。

富兰克林在这里暗示了医学谎言的效果——它们能够让患者觉得好些，又不用依赖那些可能会造成危害的生理治疗。但欺骗患者是可以被接受的吗？许多医生可以说服自己。根据俄勒冈卫生科学大学（Oregon Health Sciences University）安妮·海姆（Anne Helm）的调查，大约有35%~45%的处方都是安慰剂。2003年，一项针对丹麦800家诊所的调查发现，有一半的诊所每年至少会使用10次安慰剂。虽然没有“纯”安慰剂，但医生在搭配处方时，都会选用少量含活性成分、但不会直接作用于病痛的东西。

安慰剂处方虽然常见，但它在医学界仍旧充满争议。毕竟，医生的治疗效力以及安慰剂效果的可能性，部分需建立在患者的信任之上。如同哲学家西斯拉·博克（Sisella Bok）所言，“允许大量的欺骗……

就是为滥用和更多的不信赖搭建舞台。”这个过程中的其他人也被迫成为谎言的帮凶。《美国医药协会杂志》（*Journal of the American Pharmaceutical Association*）中有一篇文章为药剂师提供了一套说辞，当病人明显拿的是安慰剂时，可以用这种方法回答他们的询问：“一般来说，大部分的病人会接受较大的剂量治疗，但是你的医生相信这样的剂量对你比较好。”

当然，医生的目的不在于欺骗，他们通常都是为了患者着想，而且无论如何，在这样的情境下，要辨认谁在欺骗，什么又不是谎言，并不是容易的事。如果医生开了个处方给患者，他知道这个处方本身不会影响患者的状况，但又希望借由开处方的这个动作，让患者觉得自己会康复，你难道能说医生在骗人吗？他当然不是绝对诚实的。如果要做到诚实，他说的话会类似——我给你的药不会治疗你的症状，但你需要做的就是相信这些药，它才会有效。如果医生真的这样说，他很清楚自己正在破坏患者可能康复的机会。所以，他也不算公然说谎。布朗大学（Brown University）的临床精神病学教授沃尔特·布朗（Walter Brown）建议，有时候医生应该告诉患者，虽然他们给的处方不含活性药物，“但许多同样症状的患者在服用后都觉得有效”。

所谓的欺骗，是医生编造了假的科学故事来解释治疗的功用。另类医疗产业就是这样让科学家恼怒，它们似乎借用了生化科技的语言来强化自己的权威性。让怀疑论者气愤的是，顺势疗法游走于两端，一方面它表现得像是正统医学的另一种选择，另一方面它也用自己的词汇建立似是而非的权威性。

然而，即便许多证据显示，虽然只是信念效应，顺势疗法却的确有效。在这种情况下，即便是怀疑论者也可能觉得将它们从药架上移除，或者从国家健康服务中移除，是不恰当的。而且，正统医学的医生完全避开另类疗法也可能会面临危险。如果某些患者认为正统医学和“互补”药物是科学与关怀之间的竞争（或者是科技和人文的竞争），那么他们就会拒绝正统医学。

与其捍卫自己的领域，并反复强调证据的医生还不如将焦点放在扩展证据上。已经有越来越多的医生同意，更宽广的、无形的幸福也很重要。看来关心你的医生，比起在你诉说病情时紧盯着电脑屏幕的医生，更可能将你治愈。对老人家而言，保持健康的最好方法，就是保持社交活力——这是科学事实，也是一般人的经验。不过，想让我们的医生在治疗身体之余，成为“精神的科学家”，还有很长的路要走。

※ ※ ※

以科学为基础的医学当然受到极大的欢迎，但它在人类发展的过程中，是较晚才出现的方法。在人类的发展史中，我们跌跌撞撞、盲目前进，在一个又一个的错误观点中来回碰撞。隐喻、仪式和象征曾经是、且依旧是我们用来对抗疾病的方法，无论我们知晓与否①。

拉瓦锡和富兰克林是蒙田的粉丝，他们的报告的确受到蒙田《想象

① 莫里斯指出，文化信念有时候会借由生病以及祛病的方式，来阻拦更大灾难和危险。阿帕契族从远古时代到20世纪都深受某种顽疾的折磨。光是穿过蛇走过的小路，都会引起严重的脸部疼痛（这时必须请巫师治疗）。如果和熊有任何接触——即便是碰触熊毛——都可能使得身体畸形。这些状况似乎是一种强烈的信号，让族人远离潜在的致命危机。

的力量》（*The Power of Imagination*，1574年）一文的影响。在那篇文章中，蒙田认为医学就是建立在欺骗之上的学科。蒙田说医生利用病人容易相信“错误承诺”和“欺诈虚构”的特性；如果治疗有效，也主要是因为患者生动的想象力。他描述一位女性相信自己吞下了面包上的一根针，结果生病了。她的医生不相信她，但又无法解除她的病痛，有一天医生给她催吐剂，又偷偷在她的呕吐物中放了一根针，她就康复了（驱灵或切除的譬喻，指某些不好的东西——灵魂、肿瘤、胆结石——借由治疗师之手移出体外，这是部落医药中最持久也最有效的治疗。2009年的一项研究显示，接受手术以矫正脊柱撕裂伤的患者，在手术后看到一片被移除的骨头碎片，会认为自己将复原得比较好）。

虽然没有人清楚地知道为什么这些信念——不论它们究竟是真是假——对我们的生理健康如此重要，但行为科学家狄伦·埃文斯（Dylan Evans）已经提出一个耐人寻味的解释。埃文斯发现，猩猩们会在其他同伴受伤时彼此照顾，但灵长类动物学家从不曾观察到某只猩猩会为其他猩猩提供医药协助，而人类是唯一会寻求医药的动物，他认为这或许就是我们以正向思考来刺激康复的开端：

> 大约500万年前，当人类的血统开始和猩猩区分开来时，人类免疫系统的能力也产生了。在某个时间点，我们的祖先意外发现，他们能够刻意激活免疫系统，训练它对特定的刺激有所反应，而让自己比较舒服。这些刺激——或许是在伤口上涂抹叶子，或许是在别人生病时给予特定的草药——就是医药的由来。

早期，接触过由文化激发出的信念效应力量的人，会比其他未接触过的人更有优势。换句话说，**我们的物种之所以有如此高的存活力和繁殖力，都是因为我们拥有欺骗自己和他人的能力**，即便没有什么客观因素作为依据，我们仍旧认为自己会康复。这也就难怪谎言对我们的健康和幸福会有如此长远的影响了。

第九章　我们赖以为生的谎言（二）：

塑造生活的故事力

BORN LIARS

Why We Can't Live Without Deceit

亨特·萨默维尔和其他较资深的同事面临的问题是一样的：要再替雪迪斯说些什么，既不能是陈词滥调，也不能是谎言。他当时的想法是将雪迪斯的照片旋转45度，它的四个角便能够平衡。广告文案写道：这是“新形态”的雪迪斯——“钻石雪迪斯”。

我们说故事给自己听，好让自己活下去。

——琼·蒂蒂安（Joan Didion）

2002年，制药业巨头默克（Merck）公司的研究主任宣称，公司的目标是“主导中枢神经系统”。根据《连线》（*Wired*）杂志的史蒂夫·希尔伯曼（Steve Silberman）的说法，这是为了要研发代号为“MK-869”的新型强效抗抑郁药，这种药物能够跟辉瑞（Pfizer）或葛兰素史克（GlaxoSmithKline）等竞争厂商已经生产的知名畅销抗抑郁药相抗衡。在早期的测试中，MK-869的表现的确让人眼前一亮：那些服用药的人都表示，他们服药后，病情获得了显著且持续的改善。然而与安慰剂的效果相较后，MK-869瞬间失去了光彩。自愿参与实验的人在服用安慰剂后，也觉得自己变快乐了，而且程度与服用真实药物的人不相上下。在一次又一次的实验后，默克仍旧无法证明MK-869的效用强过糖丸。

这不是罕见的案例。自从“与安慰剂相比较”成为标准程序后，在21世纪的第一个10年中，新药物的失败比例比以前更高。制作昂贵、药效高超的抗抑郁药始终无法证明自己的效果会超越安慰剂；而精神分裂症、克隆氏症（Crohn's Disease，发炎性肠道疾病）和阿兹海默症的新药物，也都出现同样的问题。不只新药物被证明效果和安慰剂无异，连那些已经用了几十年的药物在跟安慰剂相比较的研究中，效果也减退了。这些旧药物的效用和过去一样，而新的药物也是精品，但在测试中，它们却一再被糖丸这个不断进步、超级有效的竞争对手打败。如果药厂想要民众花大钱买这些药物，他们一定得找出背后的原因。

在实验室里可能无法找出原因，但如果了解酒类、退伍军人和早餐玉米片的营销方式，或许能够帮助我们接近真相。

※ ※ ※

雪迪斯（Shreddies）牌早餐玉米片已经有超过70年的历史，是英国、加拿大和新西兰各大超市食品橱架及家家户户厨房食物柜中的老面孔。在这些国家长大的民众，都能够立刻辨认出这些方块形状的全麦玉米片。雪迪斯现在归属在宝氏牌玉米片（Post Cereals）旗下，而宝氏是全球食品公司卡夫（Kraft）的一分子。对商人而言，像雪迪斯这样的品牌既是好东西，又因为一成不变而存在隐忧。一方面，它是如此知名，如此容易登上购物者的购物清单，只要出售这件商品就能够获得稳定的利润；但在另一方面，奇特的新商品不断出现，购物者很容易就被其他新奇、刺激的选择吸引了注意力。因此对品牌经理而言，需要让购买者在熟悉中找到新鲜感，也就是要让雪迪斯打出新广告。

这是个困难的任务——关于这个方形的玉米片，所有能说的都在之前的几十年里说过了。这就是奥美广告公司多伦多办公室在2006年遇到的难题，客户要求广告商为这个可敬的牌子制作新的海报和电视广告，好为它带来些新鲜感。这可是雪迪斯好几年来头一次愿意砸大钱做广告，所有的资深策划人员都被要求对雪迪斯的电视广告和海报提出新的创意——这是大家手头上最重要的工作。同时，另一个利润较低的任务落在了一个26岁的文案实习生手上，他叫亨特·萨默维尔（Hunter Somerville），他必须为雪迪斯的包装盒背面想出文案——写些新鲜有趣的话来吸引消费者的目光。他和其他较资深的同事面临的问题是一样的：要再替雪迪斯说些什么，既不能是陈词滥调，也不能是谎言。

萨默维尔曾经是一名即兴喜剧演员，他之所以进入广告这一行，是因为他以为写出更有趣的广告文案并非难事。身为消费者，最让萨默维尔恼火的事，就是发现产品本身根本没有新的作用，但在广告中却出现了“现在新增加了×××”或是“现在所有的×××都消失了”的广告语，这些无疑都有欺诈之嫌，当然，也有一些无奈。现在，萨默维尔从消费者变成广告制造者，至少知道了那些无奈来自何方。等到交稿日来临时，他只有一个简单的念头，而且这个念头非常荒谬、非常可笑，他很担心交稿的时候，就是永远离开那栋办公大楼的时候，他当时的想法是将雪迪斯的照片旋转45度，它的四个角便能够平衡。广告文案写道：这是“新形态”的雪迪斯——“钻石雪迪斯”。

那天晚上，公司的创意总监在看到新广告的创意时，现场一片静默，然后他的主管开始大笑。“钻石雪迪斯”是他们一整天下来看到的最有趣的想法。“他们笑得前仰后合。”萨默维尔回忆说。接着，他被要求为电视广告撰写类似的文案，然后是海报以及网站。当创意总监看出可以发挥的空间越多，他们就越喜欢这个主意。他们将这个想法上交给了宝氏的营销主管，她也很赞同。

萨默维尔那愚蠢的主意成为了宣传广告的核心，前提是萨默维尔启动了一种令人兴奋的形式——一个“角度上的升级”，由一群“早餐玉米片科学家”设计，将会为早餐商品带来革命。钻石雪迪斯的新包装出现在超市货架上和宣传架上。广告商效仿产品上市的模式，找来焦点小组讨论新的雪迪斯，并将结果拍摄下来。小组成员面前有两只盘子，一只放着方形的雪迪斯，一只是变换了角度的钻石型雪迪斯。焦点小组的主席请消费者品尝它们。他们通常都喜欢钻石型的。“它味道比较好。”一位男士说道。“它比较酥脆。”另一位也这样表示。

广告不能当真，但消费者却认真对待，他们甚至发邮件给宝氏，表达他们对这个新产品的喜恶；还有一位男士在eBay（美国易趣）拍卖网站上宣称要出售“最后一包方形的雪迪斯”，结果卖了36美元。更有上万名消费者上网投票，选出了他们喜欢的雪迪斯的新形式。从商业的角度来看，这个广告非常成功——在长期稳定但不特别引人注目的状况后，雪迪斯的销售量一飞冲天。这么多民众给予了正面的回应，萨默维尔很高兴，但他并没感到特别惊讶。“有时候，我也认为钻石型的真的比较好吃。”他笑着说。

英国某广告人罗里·萨瑟兰德表示，钻石雪迪斯的故事只不过是一个极端的例子，充分说明了现代广告的营销手法：换汤不换药的安慰剂形式。不论是零食或软性饮料，许多年来，大多数的产品都不曾有什么根本性的改变，而且未来也不会有太大变动——在竞争的品牌间，可以选择的本来就不多。萨瑟兰德认为，广告的任务不只是沟通信息，而且要创造“象征性的价值（symbolic value）”，让消费者愿意花钱购买。如果你认为穿这个品牌的球衣会让你变成较厉害的篮球选手，你就愿意花较多的费用购买。结果，你可能真的会因此在篮球场上一展雄风。麻省理工学院的经济学家来到学校的操场，向那里运动的学生们兜售一款能量饮料，告诉他们这款饮料有助于保持“卓越的体能”。有些学生用原价购买，有些则在打折后购买。等他们运动完，当这些学生被问道，比起过去运动后的经验，喝下饮料是否让他们觉得不一样时，那些喝了饮料的学生，都说他们不像以往的运动后那么疲劳。这样的结果具有说服力——饮料的确含有些许咖啡因——但有趣的是，那些原价购买饮料的学生，比起拿到折扣价的学生精力更充沛，这个结果非常引人注目。不过，由于结果是基于主观的评估，所以研究者又设计了一个更客观的测验。这次，能量饮料宣称能够提供“心灵能量”。同样的，一半的学生用原价购买，其余的学生拿到折扣价。然后，他们接受一连串的字谜测试。那些付了折扣价购买饮料的人，比起原价购买的人，答题的正确率减少了30%。他们认为自己喝的饮料效果较差，所以让他们表现得很愚蠢。

广告商经常被指责为“公开销售谎言”，但实际上，广告商和宣传对象通常都知道，小小的欺骗（或自我欺骗）对我们有益。我们经常假设人们购买商品只能获得物质上的满足，但消费行为同时支付了心理和情绪被欺骗的费用，而且这样的欺骗是公开的，也是我们愿意的。在《浪漫伦理与现代消费主义精神》（*The Romantic Ethic and the Spirit of Modern Consumerism*）一书中，社会学家科林·坎贝尔（Colin

Campbell）提出，消费行为不仅包括购进，疲乏的想象乐趣也同等重要。对坎贝尔来说，现代的消费者是自我欺骗的“梦想艺术家”，他们“有能力制造一种明明知道是错误，但自己却觉得再真实不过的错觉”，这样的错觉交织在欲望中。

弗吉尼亚·伍尔夫（Virginia Woolf）的短篇小说《新衣》（*The New Dress*）描写了一位年轻女子穿上新衣服时的情景：

> 在漫漫光晕中，她存在了。摆脱保守和皱纹，她梦想的自己就在眼前——一位美丽的女子。就那么一秒钟……她看着自己，——一位神秘又迷人的女子，就是她的本质，她的灵魂；光是虚荣和自恋不可能让她感觉到这些美好、温柔和真实。

一件新衣服让伍尔夫小说中平凡的主角觉得一个全新的自己诞生了。然而当她穿上这件衣服参加宴会时，梦想破灭了，因为所有人都觉得她看起来滑稽不已，她被唤醒，并“回到现实”。坎贝尔认为，伍尔夫故事中的女子表现出现代消费者在任性的自我欺骗和幻灭间摇摆的情景。产品的实际状况肯定不如梦想的那样美好——否则，消费者将再也没有做梦的理由了。产品本身不过是一个借口，可以让我们去参与体验期待和假装的乐趣。我们付钱是为了回应梦想，而不是单单为了那件衣服，而这种对梦想的回应，正是广告正在做的事情。

还有人提到，与其费尽心思使用更多、更好的材料去制造商品，不如把广告做得更触动人心，因为广告不会耗费实际资源，显得更加环保。

※ ※ ※

不过，想到这种相互满足的欺骗，我们总是会觉得不舒服。因为我们往往认为，一定有商品可以为我们提供美好的体验。但现在，广告商让所有的东西都看起来美丽动人，它们就像是上帝花园里的另一条蛇，对我们实施欺骗，动摇了我们的信念。但实际上，我们的感官与我们赋予事物意义的信念是不可分割的。买酒的经验可以让我们得知，我们的经验和我们的信念间存在着什么样的关系。单一葡萄酒以及整个酒庄的命运都是由专家决定的，他们会把红酒分级，在竞争品牌间决定排名，因为红酒有一些可以被测量的、一致的客观品质。而罗伯特·霍奇森（Robert Hodgson）发表在《葡萄酒经济学月刊》（*Journal of Wine Economics*）的文章中，却对上述的排名标准画上一个大问号。

霍奇森是一位退休的统计学教授，他在加利福尼亚州的洪堡郡（Humboldt County）拥有一个小酒庄，对于自己生产的葡萄酒可以在某个竞赛中获得金牌，但在其他比赛中却铩羽而归这件事情产生了兴趣。他做了件过去从来没有人做过的事：针对红酒专家的品评进行大规模的量化分析，并把各类葡萄酒大赛的排名数据加以对比。他发现对于相同的葡萄酒，裁判经常给出不同的分数，金牌似乎是随机安排的，并非由同样的葡萄酒夺得。

霍奇森的发现对弗雷德里克·布罗谢（Frederic Brochet）而言见怪不怪，这位波尔多大学的认知心理学家，在好几年前就曾经给57位法国红酒专家每人两瓶法国葡萄酒，一瓶带有特级的标签，另一瓶则标注为便宜的家常酒。专家们总是滔滔不绝地解释说，那瓶特级葡萄酒如何如何了不起，但事实上两瓶葡萄酒是完全一样的。根据布罗谢所言，他在这个实验中学到的是，**大脑无法给予我们关于这个世界的客观报告，我们的经验永远是原始资料和期待的综合体**，而“期待对于决定酒的味道比酒本身的真实特性更有力”。当然，这些期待来自传承。布罗谢的受试者都是葡萄酒评论家，要是在他们的文化中，“特级”一词没有特别意义，他们尝起来的酒味也就跟想象的不一样了。

同样的现象发生在佐酒的好伴侣乳酪身上。心理学家埃德蒙·罗尔斯（Edmund Rolls）让12位受试者闻一些很像乳酪的不明气味，并标示为“巧达乳酪味”或“体味”，受试者会觉得标示为“乳酪”的比较好闻。在fMRI的扫描中，当受试者闻到标示为“乳酪”的气味时，负责诠释气味的那部分大脑，以及和嗅觉相连的那部分大脑的反应比较活跃。食品科学家哈洛德·麦基（Harold McGee）指出，某些乳酪的呛辣味，例如布伦干酪（Vieux Boulogne）的腐败气味是我们天生就会觉得恶心的气味（因此，为了自己好，我们都会避开）。然而某些国家，例如法国人，会认为这样的气味能够促进食欲——这就证明了，我们的感官在某种程度上继承了我们居住国度的文化理念。

我们的理念之一，就是葡萄酒的价格越昂贵，风味就越好。加利福尼亚理工学院和斯坦福大学的研究者为斯坦福红酒俱乐部的会员举办了一场品酒大会，他们供应了价格不同的5种葡萄酒（但受试者并不知道其实只有3种酒）。这次的品酒大会在一个特殊的场地进行，受试者是躺在fMRI中品酒的（葡萄酒通过吸管送入受试者口中）。虽然场地换了，但受试者仍然能够一致地指出那些标价较高的葡萄酒比较好喝。仪器显示，当受试者认为自己喝的是较昂贵的红酒时，大脑中决定这个体验是否愉悦的区域会变得较为活跃。**高价格激发了愉悦，这正是我们所体验到的愉悦。**

当我们饮入一口特级葡萄酒时，先饮下的是我们的信念，然后酒才跟着入口；当我们观赏一部颇受好评的电影，或是欣赏毕加索的画作时，也是同样的原因。当然，如果电影糟到不行，或是画作太过可怕，我们也会调整自己的反应。但我们的信念（偏见、假设、期待和欲望）对事情与反应的决定力，远超过我们的认知。而且，我们甚至不用发起这些信念，就已经有人替我们完成了——毕加索的画作是好东西，特级红酒一定是美妙的。我们一直以为自己可以远离这些偏见，纯粹地体验这个世界，但这种想法只是我们讲给自己听的另一个故事而已。

疼痛的故事

在比彻身陷战区的时候，让他感到惊讶的不只是欺骗的潜力。那些受了重伤的士兵所承受的疼痛似乎低于比彻的想象。因为比彻想要控制吗啡的使用，以留给那些最需要它的士兵，他开始在注射止痛剂前询问患者是否想要止痛。“你觉得痛吗？”他问道。如果答案是肯定的，他会再问道，“你想要我提供一些帮助以减缓你的疼痛吗？”一次又一次，比彻得到的答案——来自骨折、烧伤以及胃部遭炮弹碎片贯穿的患者——一般都是：“不用了，医生。我还好。”即便是在战场上，比彻仍旧对研究十分敏感，他把患者的反应记录下来，有3/4的伤兵在身体里最后一滴吗啡的效力消退了很久之后，还说自己不需要止痛剂。

比彻在战后发表的论文中，道出了让他困惑的发现以及他揣测的原因。他将这些受伤将士的情况与他回到波士顿的医院担任麻醉师时遇到的患者——一名在高速公路上发生车祸的男子做了比较，男子可能跟安齐奥的伤兵承受了相同程度的疼痛，然而前者感受到的痛苦更为剧烈。比彻认为，或许这与每个人看待受伤的影响有关。在车祸发生时，那位平民立刻想到未来已经完全改变了，但不是往好的方向：他或许会变成永远的残疾人士、需要申请保险理赔、因为长期无法工作而导致财务危机、即将给家人造成压力……相反，在战场上被子弹打中的士兵，会意识到自己已经从危险和充满恐惧的战场上逃生了。同时，他也知道在医院里非常安全，他可以在此休养，而且还可能被遣送回家，并被授予战争英雄的荣耀。“他的麻烦事已经结束了，”比彻写道，“至少他是这样认为的，所以他能忍。”平民的意外是灾难和不确定性的开始，而士兵的伤疤让他们得以从混乱的战场优雅地退役。

疼痛是肉体的直接感觉，与语言技巧或教育水准无关，谁都能了解被甩了巴掌、被灼烧或是被飞快的铅块击中的痛楚。然而比彻认为，我们感受到的疼痛程度深受我们赋予疼痛意义的影响。受了同样伤害的士兵和平民，他们的生理经验取决于他们如何将受伤纳入他们的生活故事。故事中的经历本身是真是假不会比它造成的结果更重要——例如，是成为战争英雄，还是变成一个残废的丈夫。

※ ※ ※

在第二次世界大战结束后的几年内，美国医院必须处理人力成本。病房、手术室和病床都被那些侥幸存活的退伍军人占满，因为他们还必须应付战争带来的长期伤害。20世纪50年代，这些患者和其他在朝鲜战争中受伤的士兵一样，在长期持续的疼痛之中，试图让生活回到正轨。布朗克斯（Bronx）的骑士桥退伍军人医院（Knightsbridge Veterans Hospital）以及后来在旧金山市锡安山医院（Mount Zion Hospital）的患者在休息或等待看医生时，会遇到一位高瘦苍白、轻声细语，有着深邃双眸、操俄国口音的男子，询问他们是否愿意就他们的状况接受访问。虽然他在医院里工作，但他说自己并非医生，而是一名人类学家。

1908年，马克·佐伯罗斯基（Mark Zborowski）出生于乌克兰，当他还是个小男孩时，他们全家为了逃离俄国革命而移民波兰。佐伯罗斯基在学生时代就加入了共产党，这让他的父母失望透顶。1928年，他离开波兰去法国旅行，可能是为了逃避因为激烈抗争而来的牢狱之灾，他一边在格勒诺布尔大学（University of Grenoble）研读人类学，一边在餐馆打工。1933年，他搬到巴黎，并参与托洛茨基的反苏维埃政治活动，在一个由托洛茨基的儿子列弗·谢多夫（Lev Sedov）领导的团体中工作，这个团体试图捣毁斯大林政权。安静、谦逊且勤勉工作的佐伯罗斯基成为谢多夫最信任的伙伴。

1941年，当欧洲因为战争而分崩离析时，佐伯罗斯基移民到了美国，他的移民之所以很顺利，纯粹是因为富裕的纽约人对托洛茨基充满了同情心，其中一位纽约人还将佐伯罗斯基介绍给当时最受尊崇的人类学家玛格丽特·米德（Margaret Mead）。米德对于佐伯罗斯基拥有的第一手欧洲犹太裔文化资料很感兴趣，便让佐伯罗斯基担任她的研究助理，并提供给他博士后的研究机会，他的学术生涯就此展开了。到了20世纪60年代中期，在米德的支持下，他到锡安山医院担任人类学家，并在当地继续进行他之前在纽约就已经着手研究的课题：来自不同背景的人应对疼痛的方法。后来他把研究结果结集出书，书名是《有病痛的人》（*People in Pain*）。

基于研究的目的，佐伯罗斯基将他的患者分成4组：爱尔兰人、意大利人、犹太人和老一代的美国人——也就是我们现在所谓的WASP（White Anglo-Saxon Protestants，白种盎格鲁-撒克逊新教徒）。他感兴趣的是这些退役士兵如何应对他们的疼痛，而他们的应对策略是否会反映文化传承。他希望他们对疼痛的反应具有普遍性：毕竟，他们都是为同一方军队作战而受伤，甚至大多数人都经历了同样的战争，这就好比说，不管是意大利的天主教教徒还是波兰的犹太人，当他们都得了心脏病时，病痛程度应该是一样的。但随着他一一对患者进行访谈，并询问医院的医护人员后，发现了让他惊讶的事实："人们对身体疼痛的知觉不只有个体差异，"他后来写道，"而且也带有国家民族性的差异：意大利人、犹太人、黑人或北欧人各不相同。"

在医护人员的心中，意大利人和犹太人可以被视为同一类人，因为他们都非常情绪化，也有"较低的疼痛忍受阈值"（虽然佐伯罗斯基指出，先前的研究显示出的疼痛忍受度差异原因不明），他们更可能在疼痛到达顶点时（如护士为他们解除绷带时）以及当医生讨论他们的病情时，用戏剧化的姿势、过度修饰的语言、大声哭喊的方式来表达他们的疼痛。犹太人和意大利人想要且需要和别人讨论他们的疼痛、描述疼痛的感觉以及疼痛对家庭和职业的影响。他们情感外露，流泪时也丝毫不觉得尴尬。

然而，佐伯罗斯基在两组人中间还是发现了明显的差异。意大利患者主要关心的是当下的疼痛感觉以及经验，但犹太人较易集中在疼痛的意义上。意大利人担心疼痛本身对他们当下处境的影响（他们的工作、家人的生活等）；犹太人不太喜欢讨论疼痛这件事，反倒较喜欢谈论相关的状况以及未来——他们对疼痛进行着注释。

两组人对治疗的态度也有所不同。意大利患者在疼痛复发时会要求医疗协助，且一旦服用止痛药后，他们会立刻忘记疼痛，并展现出“易喜的性格特征”。犹太患者在接受止痛这件事上比较勉强，他们很担心副作用，也担心这样药物会让他们上瘾，同时想到止痛药只能暂时减缓他们的疼痛，而无法根治真正的病痛。所以有时候，他们会假装自己已经服了止痛药，并把药物藏在枕头底下。即使他们服药了，他们还是非常焦虑、沮丧，无可奈何地等待着疼痛再度复发。另外，意大利人对医生缓解他们的疼痛具有高度的信心，但犹太患者认为，医生之所以使用止痛药，是因为没有能力针对病痛进行彻底治疗，这些患者经常会向其他的专科医生寻求意见。

犹太人与意大利人对疼痛反应的最大区别，是犹太人的反应中有一种天生的冷漠。他们描述疼痛的方法，是把疼痛的影响尽量降到最低。他们会说，只是抽搐、一点儿肌肉酸痛或背有点儿痛而已。无论何时，他们都尽量避免讨论病情，他们很怕被认为是自己过度戏剧化。而且他们喜欢把药效评论为：“没有什么用”。如果强加追问，他们也许会平静地承认，疼痛有时候的确让人难以忍受，甚至会让他们痛到想哭，但他们绝不会在别人在场时落泪，他们要求有隐私。佐伯罗斯基用了专业但让人心碎的文字写道：隐藏与退缩似乎是他们对强烈疼痛最常有的反应。

不像犹太人或意大利人，老一代的美国人较喜欢医院的治疗环境，胜过喜欢在家接受治疗。在面对医生时，他们会用一种独立观察者的身份来看待自己的身体，提供客观的病情描述，以确保诊断和治疗的正确性。在这种需要知识和技能的情况下，情绪似乎是一种阻力。老一代的美国人在谈论自己的身体时，就好像自己是需要定期检查的车子一样，万一有状况，只好找专家来修理。他们对医生的信念来自他们对科学的尊敬。他们是乐观主义者——虽然病痛持续着，但他们相信这只是时间的问题，医生们迟早会给出答案。

爱尔兰人和老一代的美国人一样，喜欢安静地承受疼痛，但他们对于疼痛的概念也并非不具有戏剧性。当佐伯罗斯基询问爱尔兰患者他们如何消除疼痛时，他们会说些类似这样的话：

——嗯，能做什么？忍着呗！

——只能忍啊，还能怎么样啊？

——我不怕痛，如果一定要忍受，那我就忍受吧！

对爱尔兰人而言，疼痛是可以“忍受”的，就好像拳击手必须学习如何撑住重重的一拳一样，疼痛是值得尊敬的对手，它会击痛他们，但永远不会击倒他们。承受疼痛并不是被动地忍耐，而是一种性格的培养，可以获得勇气和毅力。“承受疼痛”是拒绝投降，是一种征服的救赎行动。佐伯罗斯基将这种见解与犹太患者做了对比，以下是犹太患者描述自己经验的方法：

好吧，我来告诉你什么叫疼痛——对我而言，这是非常痛苦的。你知道什么是胆囊炎吗？是的，在过去8个月里我都在承受着这种痛苦。我会痛得在地上打滚，会痛得咬地毯。8个月都是这样！现在你还认为你的那种叫疼痛吗？

虽然这位犹太患者提到“承受”疼痛，但他所指的和上面引用的爱尔兰人的说法完全不同。在这里，疼痛比较像是患者喉头上的恶魔或凶猛的动物。他无法忽略自己的疼痛，也无法勇敢地接受；他与它搏斗，试着将它甩在脑后。这不是意志力的优越感，而只是绝望地挣扎、试着逃脱。作家莫里斯评论佐伯罗斯基的研究时指出，犹太教的传统中将疼痛视为邪恶的力量，不存在任何基督教教义中所认为的赎罪力量。

近年来，鲜少有学者引用佐伯罗斯基的研究，有一部分原因是因为任何将性格与种族配对的说法，都可能有种族歧视的嫌疑。这样的戒心当然是正当的，但也没有必要因此而掩盖了真相，我们的身体不是生物机器，而是被镶嵌在社会和文化背景之中的。佐伯罗斯基也写道，必须要明白，疼痛的生理学“不只在实验室和诊所中，也存在于社会的复杂迷宫中”。

※ ※ ※

在皇家委员会发表了关于幻术的报告后，富兰克林（怀着对宗教严重怀疑的态度）写了封信给他24岁的孙子坦伯：

“报告”里谈了很多。每个人都认为这是一篇好文章，但很多人还是对其中描述的间歇抽搐等想象力作用感到迷惑；某些人害怕非基督徒会利用这样的报告弱化《圣经·新约》中的某些神迹；某些人认为这个报告会为幻术画下句点。但这个世界上还有许多盲目的人存在，而同样荒谬的欺骗已经凭借自己的力量在世间存活了许多年。

富兰克林的说法，可能启发了1993年进行的一项针对28 000名美籍华裔人士与大约500 000名白人的死亡原因的对比调查。

在中国人的传统中，金、木、水、火、土五大元素对应了我们的身体和自然环境间的关系，而每一年都有一个专属的元素。研究者发现，当身上的疾病与出生年的关系，正巧对应了中国天文学与医学认为的厄运特殊组合时，华裔美国人会比正常状况早逝。例如，那些出生在土年的华裔人士较容易罹患癌症，而且比出生在其他年代且患同样疾病的人平均早去世4年。中医认为肺部属金，出生在金年的华裔人士若患了肺部方面的疾病，平均会比其他岁数的肺癌患者提前5年去世。在其他条件下，类似的现象也存在。但在所有的案例中，这样的现象并未出现在白人那一组中。而且，在华裔组别中，病况的程度会与“传统中国文化的强度”有关。人们越相信那些故事，就越可能会屈从于死亡的预言。

人们的生死真的可以由故事控制。太多其他的研究也显示，宗教信仰与寿命有强烈的关系。即便你了解了信仰的力量，可能仍然难以理解，符号对肉体的影响竟然和精神一样强烈：它们可以增加血液细胞、产生蛋白质并且让神经接收器失效。所以说，欺骗对我们的幸福和努力是重要的。或许像麦斯麦所说的“看不见的液体”这类东西真的围绕着我们、支持着我们。

※ ※ ※

正如医学人类学家摩尔曼所记录的，药效的重要决定因素之一是药物的颜色。当人们因为抑郁症而痛苦时，黄色的药物会让患者觉得更有效——即便所有颜色的药物都是相同的。而如果治失眠的话，蓝色的安眠药会比较有效。这在许多国家的实验中都显示出了同样的效果，唯一的例外是在意大利。意大利人的性别间有令人困惑的差异性存在。对女性而言，蓝色的安眠药比较有效；对男性而言，蓝色的药丸和其他颜色的相比，效果会比较差。虽然未经证实，但摩尔曼认为，蓝色对意大利男人有特别的意义：它是意大利所有运动球队的颜色，包括国家足球队。蓝色不会让他们入睡，反而让意大利男人想到蓝衣军团（Forza Azzuri，意大利国家足球队，传统球衣为蓝衫、白裤、蓝袜）。

其他研究显示，绿色药丸容易降低焦虑，白色药物对治疗溃疡最有效；一天服用4颗糖丸的胃溃疡患者比服用两颗糖丸的患者更容易康复；大药丸比中等药丸的效果好，但非常小的药丸却对患者最有效；患者认为昂贵的安慰剂比便宜药物更有效；假的手术如果用上外观惊人、名称让人兴奋的机器，效果会特别好。

药物不只是药丸或胶囊，而且是一种镶嵌在流转宇宙中的故事符号，说明了安慰剂的神秘性。在20世纪八九十年代，全球的制药公司生产了大量改善心情的药物。吞一颗药丸就能让你快乐些，之前这是科幻小说才有的情节，现在却成了日常生活中的常见事。同时，在广告的推波助澜下，药品商竭尽所能地推销他们的新药物。在改善心情方面最有效的药物的LOGO（商标），立刻成了可辨识的象征性符号。产业的自我营销如此成功，让21世纪参与实验的人更愿意相信，他们服用的药物会让他们变得更快乐——结果，有越来越多的例子显示，快乐真的发生了。事实上，安慰剂完全没有效用，这是从来没变过的事实，改变的是服用药物的文化意义。

第十章 门外的凶手：
有没有“白色谎言”这回事？

数十年以来，接下来的场景被反复争论。它被包装成不同的样貌，但通常被称为“门外的凶手（the murderer at the door）”，而且经常以非常简单的问题形式出现：“当凶手询问你朋友的下落时，你是否该对凶手说谎？”这是个两难的选择。不只因为人们经常面临这样的问题，同时还因为它以戏剧性的方式探讨了说谎在道德层面折射出来的意义。说谎一定是坏事吗？还是要视后果而定？

理想是一回事，义务则另当别论。

——亨利·加尼特（Henry Garnet），《模棱两可的论述》

彭柯丽（Corrie ten Boom）的《藏身之处》（*The Hiding Place*）是本扣人心弦的好书，书中描述了某荷兰小镇的民众在纳粹占领时期的生活。住在哈勒姆（Haarlem）的彭家是非常虔诚的基督徒，他们在社区中十分活跃，常年为有需要的人提供帮助。1942年德军入侵时，柯丽跟她姐姐贝西（Betsie）、84岁的父亲卡斯珀（Casper）及其他家人住在一起。有一天，一位带着行李的女士敲响了彭家大门。她很焦虑地告诉柯丽的父亲，自己是犹太人，丈夫已经被捕，儿子则躲了起来。刚才有个非常不友善的德国士兵对她说了些威胁的话，她很害怕面对更糟糕的结果，因此不想回家。听说彭家对犹太人十分友善，她想知道自己能否在此得到庇护。柯丽的父亲把她迎进了家。在那几个星期里，他们收留了一群犹太难民，把他们藏在家中的酒窖里。酒窖十分隐蔽，只有通过暗门才能进入。从那时起，彭家就是犹太人和荷兰反抗分子的安全之家。

两年后的某个黄昏，敲门声响起，进来的是一群纳粹军官。邻居向他们报告说彭家非法窝藏了犹太人，于是他们来彭家查看。

数十年以来，接下来的场景被反复争论。它被包装成不同的样貌，但通常被称为“门外的凶手（the murderer at the door）”，而且经常以非常简单的问题形式出现：“当凶手询问你朋友的下落时，你是否该对凶手说谎？”这是个两难的选择。不只因为人们经常面临这样的问题，同时还因为它以戏剧性的方式探讨了说谎在道德层面折射出来的意义。说谎一定是坏事吗？还是要视后果而定？

柯丽没有任何犹豫，她说了谎。党卫军还是搜查了整栋房子，当时，屋子里有两名犹太男子、两名犹太女子和两名荷兰地下分子，都藏在柯丽卧室的假墙内。幸运的是，他们都没有被发现。虽然党卫军没有找到他们想要找的人，但当天柯丽一家还是被逮捕入狱。柯丽和贝西被送往集中营，不久贝西和卡斯珀在集中营里死去。据统计，在战争期间，柯丽一家和他们的朋友们一共拯救了800名犹太人。

每个人对于说谎这种行为都会持不同的态度，这在《藏身之处》一书中也有例证。柯丽的小妹诺丽（Nollie）是一名《圣经》从不离身的虔诚女子，以正直和诚实闻名。诺丽坚定地认定，《圣经》谴责说谎，上帝也不会容忍任何说谎的借口。就在事情发生的前一天，诺丽在家时，党卫军登门。当时，诺丽坐在客厅里，旁边是一位名叫安娜莉婕（Annaliese）的难民，她的金发和天衣无缝的伪造文件使得纳粹无法分辨她是不是犹太人。党卫军指着安娜莉婕问诺丽：“她是犹太人吗？”无法违背原则的诺丽给出了肯定的答案，于是她们都被逮捕了，安娜莉婕被送往阿姆斯特丹的一家老戏院，也就是犹太人在被送往集中营前的集散地[1]。

※ ※ ※

《圣经》并不像诺丽的认定那样，对“说谎”这个问题有明确的指示。人们通常以为，“十诫”包括不能说谎，然而事实并非如此。最接近的是第九诫（天主教和路德教会的第八诫）：不可做假证陷害邻居。很显然，这是指禁止做伪证，并没有明确禁止任何形式的谎言。《新约》全书也没有更多的强调。耶稣并未明白地告诉世人是否可以说谎，或许这也说明了，对于耶稣以及他早期的门徒来说，这并非是特别重要的问题。

在基督教最初成立的几百年内，《圣经》对“说谎”的模糊定位，让教派内的主要思想家对这个问题持含糊与矛盾的态度。有些人注意到经文中的某些情节显然是在替说谎开脱：上帝骗亚伯拉罕说，他必须杀了自己的儿子以撒，上帝用这种方法来测试亚伯拉罕是否忠诚，而雅各和母亲利百加共谋，欺骗父亲说自己是哥哥以撒；在《出埃及记》中，埃及的助产士在上帝的赞同下欺骗法老，以拯救希伯来人的孩子。在《新约》中，耶稣死而复生后，在前往厄玛乌（Emmaus）的路上遇见了两位门徒，但耶稣谎报了其他名字。某些基督教学者将这些案例当作证据，说只要有正当理由，《圣经》是允许说谎的。

由于奥古斯丁加入了辩论，这样的说法到了5世纪时才有了改变。在

① 幸运的是，6天后，诺丽因为反抗军的援救而获得自由。

《说谎》（*On Lying*）与《反对妄语》（*Against Lying*）这两篇针对这个问题的文章中，谈到奥古斯丁发展了说谎的现代观，其实这并不夸张。他定下两项重要的基本戒律：第一，他用比过去更清楚的方法来定义谎言：有意欺骗的错误论述。这种定义虽然不完美，但行得通，如今大多数对于说谎的讨论还是以此作为参考；第二，他明确宣称不论前因后果、没有任何借口，说谎就是在道德上犯了错。基督教最伟大的哲学家转变了教会的思想，并对未来社会产生了深远的影响，包括我们在内。

奥古斯丁认为，上帝给予了他的子民说话的能力，让他们可以明白彼此的真实想法。用这种能力去行骗当然是罪行，因为这和上帝的意图相反。他同时也指出，谎言会影响教会的权威。如果基督徒默许“白色谎言”（即有益的谎言），那么整个基督教的信念和实际工作都会面临严重的危机，甚至会因此而倾覆，因为“当人们发现某些事不易解决或难以相信时，他就会遵循前例，用说谎者的理由来加以解释”。奥古斯丁的结论是：每一则谎言都必须被定义为罪恶，就算那个谎言可以救他人性命也一样。面对要求我们出卖无辜人的凶手时，奥古斯丁的建议是不要在乎结果，而是做出“我知道他在哪里，但是我永远不会告诉你”的回答。

然而，奥古斯丁并没有说所有的谎言承担的罪行都是一样的。他将谎言依照可以被原谅的程度分了8个层级，最上层的是最不可原谅的：

1. 在传授宗教教义时说谎。
2. 伤害某个人但对任何人都没有助益的谎言。
3. 伤害某个人但同时也能帮助某个人而说的谎言。

4. 为了好玩而欺骗某人的谎言。

5. 在对话中为取悦他人而说的谎言。

6. 不会伤害任何人，但会对某个人有益的谎言。

7. 对任何人都没有伤害，但可能会帮助某些人悔改的谎言。

8. 对任何人都没有伤害，同时可以保护某个人免于侮辱的谎言。

在这个问题上，下一个重要的论述是由意大利学者托马斯·阿奎纳（Thomas Aquinas）在13世纪所提出的。

阿奎纳沿用了奥古斯丁的“说谎是意图欺骗，永远都是有罪的”的基本架构，但他增加了一些区分条款。同时，阿奎纳不反对玩笑话。在他的书中写道，为了开玩笑而说谎不算是致命的罪行，而奥古斯丁反对的白色谎言，在阿奎纳看来也并非那么不可原谅。唯有恶意的谎言，也就是以伤害别人为目的的谎言，才是真正无法原谅的。

在基督教成立的最初1500年内，学者们很少讨论说谎这件事。一直到马丁·路德在威滕伯格（Wittenberg）发表煽动性的声明（马丁·路德曾在教堂大门上钉上95条批判教会的纲领，以抗议出售“赎罪券”，自此引发宗教改革运动），教会又四分五裂后，说谎才变成一个具争论性的话题。

※ ※ ※

如果有所谓的欺骗年代，那一定是指17世纪的欧洲。对宗教多元存在的宽容态度消失了，社会风气沦为了迫害、调查和思想控制。上千名宗教领袖——天主教、新教和犹太教——都被迫在忠于真理和流亡（或死亡）间做出抉择，许多人只能说一套做一套。同时，政府也加强了对人民的管制（“门外的凶手”经常是政府人员），对政治的操控性日益加剧。宫廷越来越庞大，也越来越复杂，吸引了有野心、有企图的年轻人去争夺光辉的权力。平民对政客（用当时的说法是朝臣）的想法习以为常，而这些狠心的骗子为了自己的利益，什么话都敢说。

文学评论家莱昂内尔·特里林（Lionel Trilling）曾创造了一个名词“文化偏执狂”（cultural paranoia），在当时英国作家及思想家的作品里，就充满了对这类现象的描述。培根身为马基雅维利的读者，分析了自我隐藏的艺术，他说：“如果无法补救，那最好有保密的习惯、及时掩饰和伪装的力量。”莎士比亚笔下的哈姆雷特，拒绝接受被优雅修饰过的“假装”，他说：“不，我不懂‘看起来’是什么，我只有真实感情的流露。”莎士比亚戏剧中的角色都是些聪明的骗子，拥有精妙的伪装和高明的欺骗手段，就像马洛（Marlowe）、查普曼（Chapman）、韦伯斯特（Webster）这些戏剧家笔下的主角一样，他们主要的题材之一，就是“看起来”和“事实上”的差别，主角口中所说的和心中所想的之间存在着巨大落差。

不是只有牧师才必须要在真相和谎言之间做出选择，普通人也会面临违背信念和说谎度日的两难。即便只需要对外做做样子，但许多人仍旧无法摆脱来自内心的压力。在16世纪50年代的布里斯托尔（Bristol），新教徒理查德·韦弗尔（Richard Wever）宁可跳入沟渠中被淹死，也不愿参加天主教的弥撒。其他怕死的人，只好采用不同的欺骗手段，要不就貌合神离地出席，要不就请其他人坐在自己的位置上，好让大家以为他们参加了弥撒。

全欧洲的能人都在试图为说谎构建出无懈可击的防御。用历史学家佩雷斯·扎戈林（Perez Zagorin）的话来说，为了生存或进步而欺骗，这可以另当别论；对上帝真诚但说谎，可能是被允许的。诡辩（Casuistry）是一种道德推理的方法，它针对个别案例，并非不可被改变的原则，这种方法在学者间越来越流行，特别是在修道士之间。

诡辩家在奥古斯丁对谎言的谴责中找到了漏洞。早在13世纪时，彭纳福特（Pennafort）的雷蒙德（Raymund）就在思考如何回答“门外的凶手”的问题了。他认为我们可以说“non est hic（拉丁语，表示似是而非的、否定的意思）”来欺骗凶手，以保护受害者，这句话的意思既是“他没在这里”，也是“他还没被找到”。这种技巧被称为“模棱两可（verbal equivocation）”。当全欧洲的牧师和平民打开大门，发现可能的凶手正在质问他们时，诡辩家提出的可以利用“精神保留”（mental reservation）的说法让假论述变成真论述。也就是说，你可以把你知道的错误的事说成是真的，只要你加上“在我心里……”这几个字就可以了。

西班牙的神学家纳瓦罗博士（Dr. Navarrus）为所谓的“精神保留法则”提出了最具有影响力的主张，他认为某些真相可以“一半用言语表达，一半用意志力表达”。因为基督徒的道德义务是对上帝说实话，所以对人类“保留”某部分真相也属合理，只要这样做能够带来更大的好处。笃信这个教条的信徒宣称，耶稣自己也用了这个法则：他告诉信徒们他不知道审判日在哪天，但他实际上是知道的，因为他是全知全能的。

1606年，英国的天主教牧师约翰·沃德（John Ward）被新教徒绑匪问道，他是不是牧师，以及他是否曾经横渡海洋——也就是说，他是否曾经在法国或意大利研究天主教。他对此进行了否认，但事实上这两个问题都应该是肯定的。后来，当否定沃德说法的证据出现时，他宣称自己并没有说谎，只是在第一个答案后面增加了“阿波罗”（即，我不是牧师阿波罗），并在第二个答案的“海洋”前面增加了“印度”（即，我不曾横渡印度洋）[①]。在沃德使用这种方法时，英国人早已因为罗勃特·索斯韦尔（Robert Southwell）和嘉纳特这两位牧师的审判，而熟知精神保留的法则。

※ ※ ※

1586年，25岁的索斯韦尔从法国旅行到英国，随行的还有比他年长的朋友嘉纳特。索斯韦尔知道，此行的秘密任务可能让他丧命。索斯韦尔出身于英国霍沙姆圣费思（Horsham St Faith）诺福克镇（Norfolk）的一个天主教贵族家庭，排行老八。在他15岁时，他被送到法国，就读于杜埃（Douai）的天主教大学。后来又被罗马的耶稣会（天主教的主要修会之一，于1535年8月15日成立，获得罗马教廷教宗的许可）学院录取，开始学习诡辩学和精神保留法则。这位极富天分的学生也会写些考究的诗篇［文艺复兴时期的英国诗人本·琼森（Ben Jonson）曾经说过，他非常乐意用自己所有的诗作去交换索斯韦尔的《焚烧的宝贝》（*The Burning Babe*）］，他于1584年被派到英国去完成他的任务。在10年后，他才首次回到自己的故乡。

① 这种法则有一个常见的、非故意的副作用：会让欺骗变得更有说服力。演员经常会受到类似的训练。

身为天主教的传教士，索斯韦尔和嘉纳特都面临致命的危险。伊丽莎白女王因为受到西班牙和罗马的威胁，把每位天主教徒都视为潜在叛徒，在索斯韦尔和嘉纳特到来之前的天主教传教士都已被处死。当时英国的法律规定，任何在其他国家受诫成为传教士的英国人，如果在英国境内停留超过40天，就要被处死，任何为他们提供帮助的人也得被处死。传教士们只好伪装成平民，使用假名、伪造职业，在那些勇敢的天主教信徒家中避难。这些信徒随时都要做好被质问的准备，在被逮捕时要有良好的心理素质以及机敏的应答才能。

索斯韦尔在英国东躲西藏了6年，后来被一个名叫安妮·贝拉米（Anne Bellamy）的女孩告密，当时他躲在她的家里。在监狱中，索斯韦尔数次遭到侮辱殴打，他们企图让他供出更多的情报，但索斯韦尔除了承认自己是一名耶稣会的传教士外，什么都没说，甚至连他“在某天乘坐的马匹是什么颜色”这种无关紧要的细节都不肯告诉讯问者。在被囚禁了3年后的1595年，他被控叛国罪。贝拉米做证，索斯韦尔曾经告诉过她，在被警方讯问时，说谎是可以被准许的行为——如果被问及家中是否窝藏了传教士时，她可以否认，只要她添加了精神保留的成分。

在审判时，检察长爱德华·科克（Edward Coke）爵士紧抓住这项证词，控诉索斯韦尔用邪恶的耶稣会教条去败坏这位女子的道德情操。善于狡辩的索斯韦尔并没有否认贝拉米的证词，他强调精神保留法是忠于上帝的。他借用自己的“门外的凶手”问题来反问科克：“如果法国入侵英国，女王被迫逃亡，只有你知道她的下落，你会怎么做？在接受讯问、在法庭发了誓的情况下，你会否认自己知道她在哪里吗？你不会使用精神保留法吗？”科克是如何回答的，历史上并无记载，但他不吃这一套，他后来说道：“如果允许这样的法则存在，那么它终将取代正义。因为我们是人，而不是上帝，我们无法以一个人的意图好坏为准则来对他的行为进行评判，而只能从其行为造成的后果来判断对错。”

索斯韦尔被陪审团判定有罪，并于1595年2月20日在泰伯恩（Tyburn）被处死。他坐在雪橇上被拖到街上，在上断头台之前，他对群众发表了一通感人肺腑的演说，他承认自己是耶稣会的传教士，并且为女王和英国祈祷。在断气前，他还试图用手在胸前画十字。最后他的尸体被切成四大块，头颅被悬挂示众。通常此时前来观看的群众会义愤填膺地高喊“叛国贼”之类的口号，但这次却没有。

嘉纳特则因为“火药阴谋事件”（当时被称为火药叛国罪）被捕。其实他并未直接参与刺杀詹姆斯一世和国会议员，但他被认为早就知道此事却没有上报，当局决定拿他杀鸡儆猴。调查团针对嘉纳特在1598年提出的“模棱两可的和精神保留的合法性”对他进行谴责（嘉纳特曾经用这个理论来为他的朋友索斯韦尔辩护）。科克爵士再度起诉，他把嘉纳特定义为“分化和破坏专家”，并处以叛国罪。在圣保罗（St. Paul）教堂庭院的受刑台上，官员要他彻底交代，不要模棱两可。他回答道：“现在哪里是能模棱两可的时刻？”

※ ※ ※

在索斯韦尔和嘉纳特被审判前，英国多数民众并不知道精神保留法则，且一般人也无法得知天主教内部的辩论，但因为这些引起轰动且内容被广为流传的审判，他们得知了精神保留法，并对它产生反感与愤怒。政治人物和清教徒把这样的法则当成非英国式的、耶稣会道德败坏的实例。对一般民众而言，精神保留法不过是披上华丽外衣的谎言，是假道学，并宣称自己很诚实。

17世纪的辩论持续破坏着天主教的名声。由于舆论针对精神保留法进行了一系列的谴责，使得大众对于天主教非常反感。教皇英诺森十一世于是在1679年提出禁止使用精神保留法则，试图挽救天主教的声誉。这个做法或许从某种程度上平息了民众的愤怒，但并没有解决根本的问题：面对说谎或进行自我辩护时，要如何抉择？结果，精神保留法在被明确禁止了很多年之后，仍然存活于天主教内。事实上，直到今天，我们还能发现精神保留法的影子。

2009年，爱尔兰政府成立的一个委员会发表了一份关于牧师娈童案的调查报告。该报告用一种困惑的笔调写道，委员会成员发现了精神保留法，“这个发展了好几个世纪并引发许多争论的概念，允许信徒故意把错误的印象传递给他人，而其自身却没有任何说谎的罪恶感。”以下是报告中提及的例子：

因为受到一位助理牧师的怠慢，约翰打算找教区牧师告状。教区牧师因为认为约翰是个麻烦的家伙，所以一看到他走了进来，就让另一位助理牧师前去接待。约翰问开门的助理牧师，教区牧师在吗？助理牧师给予了否定的答案。这不是事实。但教会的观点则认为这样的回答并非谎言，因为当助理牧师告诉约翰教区牧师不在时，他在心里默默地加了几个字：“（对你来说）牧师不在”。

接受调查的枢机主教（教皇治理普世教会的职务上最得力的助手和顾问）德斯蒙德·康奈尔（Desmond Connell）对委员会解释了这个概念：

一般来说，精神保留法是教导你不能说谎；但另一方面，你可能面临一种特殊的状况，你知道答案，但情况只允许你给出另一个模糊的说法，因为你知道和你对话的人可能更愿意接受不太真实的答案。允许它发生，但不主动引导它发生，要不然就会变成说谎。在试图处理非常困难的状况时，例如在社交方面，他人可能问一些你就是无法正面回答的问题，每个人都知道在这种状况下是可以说谎的。所以从某种意义上来说，精神保留法是最恰当的回答问题的方式，且不能算作是说谎。

在调查期间，委员们发现牧师们使用了模糊说辞和保留法这些老掉牙的工具来逃避调查。遭受都柏林牧师虐待的玛丽·柯林斯（Marie Collins）证实，都柏林大主教区在1997年对媒体宣称“教区将全力配合警方的调查”时，她觉得非常气恼，因为她有足够的理由认定这并非是实话——当某位牧师因她的受虐事件接受调查时，大主教区曾经对她说：“我们从未说过我们会完全配合。”

我们不难想象奥古斯丁摇头叹气的模样。他可能会说，“允许例外存在”之所以会出现问题，是因为一旦你同意了一个例外，其他人就会选择其他允许发生的状况，并为它找理由。

※ ※ ※

奥古斯丁写下了供教徒们使用的“说谎与道德指导手册”，而康德则将它转译成人人都可以用的“说谎手册”。在这个时代，一般人的道德观取代了上帝赋予的道德观，个人的权利也成为了是非对错的判断标准。康德是哲学界的鲁滨孙，用俗世的材料兴建了一座坚固的道德住宅，并开辟出可以穿越现代道德丛林的思想路径。说到撒谎，康德的想法基本上和奥古斯丁相一致：说谎是错误的行为，无论何时何地、没有任何借口。

康德的论述是基于对个体权利的维护。我们必须告诉那个凶手真话，因为每个人（即使是凶手）也都有获悉真相的权利。每个人都有人性，不论是多么糟糕的人；对某人否定真相，就等于否定他的人性；不只如此，说谎的人也玷污了自己的人性：

单就人类身为道德动物而言，对自身的基本义务（即人性）所能够做出的最重大的违背，就是与真诚对立，也就是说谎……对不诚实的人来说，与谎言相伴的不名誉（耻辱）会像阴影一样伴随着他。因为对别人说谎，人类让自己成为他人眼中鄙视的对象；因为对自己说谎，他做出更糟糕的事：他让自己在自己眼中变得可悲，还践踏了自己身为人类的尊严。一则谎言会让一个人抛弃尊严，就像尊严本身因谎言而荡然无存一样。

康德关于说谎的论述，形成了他在道德哲学方面的第一个贡献：《道德形而上学的基本原理》（*Groundwork of the Metaphysics of Morals*）。这本书发行于1785年，当时康德已经61岁了。康德的论述为同时代的学者们所认同，他们对康德敬畏有加，并把他称为“存活于世的、最重要的哲学家”。然而，并非所有人都接受这本书的理论。1796年，巴黎有一位年轻的作家提出了大胆的质疑。

邦雅曼·考斯顿（Benjamin Constant）是一名瑞士贵族，也是16世纪时为了不受迫害而逃亡去巴黎的胡格诺派（Huguenots）的子孙。生于1767年的考斯顿可以说是一个饱经世故的人，分别在德国、法国和苏格兰接受了教育。在那个时代，他自认为是自由派思想家，充满热情，强调法律与人权，并主张废除奴隶制。不过，潇洒又英俊的他，既好赌又好色，经常与被戴了绿帽子的男人们决斗，也经常同时周旋在几位女士之间。然而，他一生最爱的人还是斯塔尔夫人（Madame De Stael）。斯塔尔夫人是一位优秀的作家，也是欧洲的社交名媛。她在瑞士遇到考斯顿后，于1795年把这位年轻的爱人带到了巴黎，并把他介绍给了上流社会，此后他便投身于这个城市波涛汹涌的社交圈之中。

考斯顿发表了一篇文章，对康德提出了“门外的凶手”的问题。对考斯顿而言，这不只是个假设性的问题。巴黎在法国大革命后仍未完全脱离恐怖统治，成千上万的无辜百姓因为一些荒诞的理由而丧命。虽然考斯顿到达巴黎时，这个城市已经相当平静了，但大多数的平民仍然经常被杀手登门拜访。许多人宁愿牺牲自己的朋友，以免自己受到伤害，这正是帮考斯顿写传记的作家斯蒂芬·霍姆斯（Stephen Holmes）笔下所描写的“歇斯底里的环境”，因此，考斯顿才对为什么人们可以通过说谎来保护自己、家人或朋友一事非常敏感（他也许会顺便想想自己复杂的情爱生活）。

斯蒂芬·霍姆斯说，对考斯顿而言，“有人宣称任何谎言都是不道德的，这种观念似乎太过可笑。”借用考斯顿自己的话就是：“要求说实话的道德原则如果太过单一，无回旋余地，将会让任何社会无法运作。”考斯顿认为有些时候说谎是必要的，然而他也知道，有些谎言足以让说谎的人被判死刑。但集中在说谎的道德性上，把谎言的存在完全隔绝于真空之中，这种观念是危险的。当然，考斯顿强烈认为，所有的道德判断都需要从现实层面进行考虑。他居住的城市刚从“把抽象原则当成绝对法则的阶段”中复原，结果就开始了提心吊胆、恐惧度日的阶段。说谎是生活的事实，真正迫切的是强化社会的机制，强化法律和国会，由此才可以避免人们因为惧怕入狱或上断头台而说一些存心不良的谎言。

1797年，康德用《论因博爱的动机而说谎的虚妄权利》（“On the Supposed Right to Lie from Philanthropy”）这篇文章回应考斯顿，他坚持自己的立场，强调就算凶手在门外，逼问你朋友的下落时，你仍旧不能说谎。对于“不打诳语（佛教用词）这项基本的道德原则居然可以有例外”这个观点，康德非常鄙视，他认为允许例外就是在拆自己的台：如果每个人都同意对凶手说谎是可取的，那么凶手就不会相信任何人说的话。你必须坚定不移地维持真相的神圣性。某些原则比朋友的性命更为重要。

※ ※ ※

在发生这场辩论的200年后，李强教授对于西方人的说谎态度感到好奇。这位加拿大公民虽然已经住在多伦多20多年，但他在中国长大，并且对西方的文化习俗一直保持着一种旁观者的态度。他对于西方人谴责说谎的力度感到震惊：媒体对政治人物大喊“骗子”；讲坛上的牧师斥责他人说谎；老师教导学生要诚实；父母警告子女不可以说谎。然而对李教授而言，这些团体里的每一个人事实上都会说谎，甚至还在为一种另类的谎言——白色谎言——做代言，并在心里接受了某些谎言的合理性。他好奇的是，这些文化上的表里不一，究竟从何而来？

李强生长的环境对于说谎的态度截然不同。他说：“在中国和其他东方国家中，大众更倾向于接受‘在必要的情况下，说谎才是适当的’这个观点。”没有什么自我折磨的辩证，合理的谎言不过是日常生活中平淡无奇的事实罢了。说实话这么想有可能是错的，这种反省让李强形成了一个假设：**西方人禁止说谎是从个人角度出发的，而中国人对说谎的宽容是为了使团体更有凝聚力与更和谐。**

在2001年和2007年，李强分别做了两次研究，以了解中国和加拿大儿童对于说谎的态度。在北美儿童成长的社会中，非常强调个人成就、自尊和抱负，以及个人的权利和自由——是笛卡儿、鲁滨孙、托马斯·杰弗逊（Thomas Jefferson）以及迈克尔·乔丹所代表的文化。相反的，中国儿童接受的文化则强调大我（团体）的优先性要凌驾在小我（自己）之上，这样的态度不仅来自大环境的意识形态，同时也根植于宗教和文化传统。

在李强的第一项研究中，这些7~11岁的中国和加拿大儿童同样都阅读了四则短篇故事，有两则故事里的小朋友做了好事，另两则故事里的小朋友做了坏事，这四则故事有一个共同的情节：当故事里的老师询问小朋友时，有小朋友为做了坏事而说谎，也有小朋友为做了好事而说谎。在听完故事后，这些儿童被问了“故事里的小朋友是不是对老师撒了谎？”以及“小朋友是不是做了不应该的事？”这两个问题。不论来自哪个国家，所有的儿童对于“何谓说谎”都有基本的了解，所有的儿童也都认为，因为做坏事而说谎是不对的；但当主角做了好事却加以隐瞒时，两组儿童对故事主角的评价就有极大的差异。

加拿大儿童全数认为，儿童说谎就是一件坏事，因为谎言就是谎言。在他们眼中，这就值得谴责了。中国儿童对于主角隐瞒好事则认为这是“没有错的正面行为”。如果要求他们进一步解释，他们会说，主角“既不是为了获得赞美而去做好事，也没有吹牛”，而且“说的是‘善意的谎言’”；对于那些为自己的好行为说实话的主角，他们也给予相当负面的评价，认为说实话是为了获得赞美；而在自信以及自尊文化下长大的加拿大儿童，却认为这样的诚实是应该的。

李强相信这种“谦逊的影响”源自孔子哲学，孔子鼓励弟子为了大我要牺牲小我（佛教及道教也这样认为），《论语》里也清楚地表示诚实绝不仅是个人修为：

叶公语孔子曰：“吾党有直躬者，其父攘羊，而子证之。”孔子曰：“吾党之直者异于是。父为子隐，子为父隐，直在其中矣。”——《论语·子路》

（叶公告诉孔子：“我的家乡有个奉行正直之道的人，他的父亲偷了别人的羊，他揭发了他的父亲。”孔子说：“我家乡正直的人有所不同，做父亲的会替子女隐瞒，做子女的也会为父亲隐瞒，所谓正直，就在这样的道理中了。”）

根据学者丹尼尔·贝尔（Daniel Bell）所言，儒家思想关心的关键问题是我们的角色以及这些角色背负的义务。就谎言进行道德评估时，中国人在乎的是说谎对我们负有义务的那些人会造成什么影响——也就是说，团体的和谐比个人的诚信更为重要。这与康德的出发点完全不一样。

在第二项研究中，李强让加拿大和中国儿童看四段不同的故事情节，背景都是儿童熟悉的。在每个场景中，故事的主角都面临着两难：说实话帮助朋友但会对团体造成伤害，或是为了团体的利益而伤害朋友：

苏珊觉得很为难。她的班上要选出一些同学代表班级参加学校的拼字比赛。苏珊的好朋友麦克对拼字不太在行，但他非常想要参加这个比赛，所以要求苏珊给他投票。苏珊想：“如果我选麦克的话，我们班在比赛时一定不会有好的表现，但麦克是我的朋友，如果我不给他投票的话，他一定会很伤心。”当苏珊的老师问她想要投票给谁时……

儿童们接着被问道：“如果你是苏珊的话，你该怎么办？”

还有另外一个故事：

凯丽的朋友吉米是班上最擅长跑步的人，他在运动会那天告诉凯丽他不太想跑步，他想到图书馆去看一本书，他要求凯丽不要告诉别人。但是凯丽知道，如果吉米不参加比赛，他们班就不会在比赛中获胜。当老师问凯丽知不知道吉米在哪里时，她该为了班上的成绩而说实话？还为了帮助朋友而说谎？

正如李强早先的研究，儿童思考这些问题的方法完全受到他们成长文化的影响。加拿大儿童可能会要求老师选麦克，因为他对拼字很感兴趣。另外，他们会跟老师说："完全不知道吉米去哪儿了。"而中国儿童不会选麦克参加拼字比赛，也会告诉老师吉米去了哪里。儿童年龄越大，这样的差异就越明显。李强认为，这是因为随着儿童年龄的增长，他们的态度就会越来越向他们推崇的文化靠拢。

※ ※ ※

至今没有人发现有哪一种文化能够全盘接受所有的谎言，也没有哪一种文化是完全将谎言拒之门外的。总是会有可以被接受的谎言，也会有被谴责的谎言。各文化的差异在于对可以接受的谎言的区分，这就是跨文化的误解产生的根源。20世纪60年代，在巴布亚新几内亚观察马南（Manam）岛民的人类学家发现，欧洲访客容易将岛民们视为骗子，因为他们总是说一套做一套；岛民们对白人观光客也有同样的看法。就像研究者指出的："差异在于，岛民们会在某种情况下说谎，而欧洲人会在另外一种情况下说谎，虽然都在说谎，但说谎的情境不同，所以彼此难以理解。"而且，双方都认为，自己选择说谎的时机是对的。

1991年，英国人类学家弗雷德里克·贝利（Frederick Bailey）注意到，当他首次在印度进行研究时，好几次都觉得困惑又恼怒，因为那些年轻有礼的印度人对于他的要求总是会再三保证：“一定会去做。”但后来他发现，他们根本没有帮忙的意思。最后他才了解到，这些人对于谎言的可接受度跟自己完全不一样。珍妮特·萨斯金德（Janet Suskind）研究过秘鲁的萨拉纳瓦人（Sharanahua），那里的人们喜欢给远道而来的客人送上自己家里储存的野生动物的肉，以此来展现自己的慷慨和富有，然而其实家里的肉量并不多，还经常不够分配。如果你直接拒绝的话，会被视作对他们的污辱；但如果你骂他们是“骗子”时，他们却不觉得是耻辱。萨拉纳瓦人经常对自己家的肉存量多少公开说谎——事实上，这样的谎言被视为一种“必要的社交美德”。对萨拉纳瓦人而言，说谎可以解决社会义务与分配之间的冲突。**白色谎言就像一剂万金油，能够解决各种社会问题**。这为人类学家心中的疑惑提供了一个卓有成效的解决办法：**如果你想要快速了解特定社会系统中的紧张关系，只要找出哪一类的谎言是合法的就可以了**。

经济学家第默尔·库兰（Timur Kuran）认为，琐碎的、私人的欺瞒有更大的社会意义。在某些时候，例如坐在计程车的后座上，或是在办公室的茶水间里，我们多数人都会面临抉择：是要同意那些我们不以为然的政治评论，还是冒险引发一场不愉快的争论呢？用库兰的话说，**我们都必须处理我们的“表达欲望，即我们想要诚实的欲望”以及我们的“名声欲望，即想在社群中占有一席之地的欲望”之间的冲突。我们选择的处理方式就是说谎**。

我们都相信，如果我们在任何时刻都忠诚于自己的信念，那么，无数的论证和争吵会使得整个社会四分五裂。但显然，那些无害的谎言有可能产生超出你想象之外的衍生物。而你为了维持名声撒的谎，也许也会产生连锁效应——这个谎言可能坚定了房间里和你有一样想法的人的信念："正确的"社会行为是去说违背自己真心的话。马丁·路德说过："不少人拥有高尚、高贵的信念，却因为害怕与众不同而将它们藏在算计与衡量之下。"于是，这些小谎言的积累引出更大的社会性谎言。

※ ※ ※

人类欺骗能力的产生，是源自祖先们在不得不处理和其他人的负面关系时进行的智力竞赛，一切都是不得已而为之。但自此之后，把事情说得婉转些，只能使情况越来越复杂。

为了与人和谐相处而说谎，这是种种罪行中最能让我们接受的。**生活常常会给"坚持己见的人"较低的评价，因为，若想让生活有一点点意义，就必须允许有其他人的存在。**就像嘉纳特所建议的，我们对他人的义务不可避免地会与我们想要完全诚实的欲望相冲突。

康德认为，因为谎言会严重破坏我们与别人的关系，因此撒谎永远是错误的。这种说法当然是正确的。布朗法则也提醒我们，说实话是社会得以运作的唯一前提。但社会关系同样需要我们不时地说谎，这也是事实：我们只是想要通过说好话与岳母或婆婆维持良好的关系，或者使朋友免于伤害。

即使是康德自己，也不见得能够彻底遵循他的主张。在《道德的形而上学》（*Metaphysics of Morals*）一书中，理论上宁可牺牲朋友也不愿意说谎的康德，也可能会思考一些更司空见惯的问题，例如是否在信末写上“你忠实的仆人（your obedient servant）”更好些？或是面对不喜欢但又必须给出好评价的艺术作品时该怎么办？康德的想法是，或许可以用妙语化解这样的问题，但“谁能保持这种机智”？没有任何一刻可以像现在这样，让这位大人物看起来这么像一个可爱的普通人。他写道：“最轻微的犹豫都是对作者的亵渎。但我们能够因此而奉承他吗？”我们仿佛看见康德在日常生活中挣扎、纠结，然后慢慢地承认，谎言真的有其存在的必要性。

说谎心理学：

为什么不说谎，我们就活不下去

BORN LIARS

后记 如何做一个诚实的人？
——诚实生活三原则

BORN LIARS
Why We Can't Live Without Deceit

了解了谎言在我们的生活中扮演了多么重要的角色后，我们不得不努力思考，什么叫作“诚实”？诚实并非不费吹灰之力就能够拥有的，而是我们必须努力追求的品德。

一、分享

了解了谎言在我们的生活中扮演了多么重要的角色后，我们不得不努力思考，什么叫作“诚实”？诚实并非不费吹灰之力就能够拥有的，而是我们必须努力追求的品德。

康德曾说自己景仰的是“头上拥有灿烂星空，内心拥有崇高道德法则”的人；达尔文和他的后继者却将人类描述为拥有不稳定内在道德指标的动物。我们绝对是自私的，我们天生就会先考虑自己的骨肉和亲属，是当代哲学家彼得·莱尔顿（Peter Railton）所谓的“我执（us-ish）”型动物。我们也已经知道，我们会被一些有用的错觉包围。我们大脑存在的目的不是用来寻找真相，而是用来了解我们自己和周围世界的真相的。人类学家罗宾·福克斯（Robin Fox）说：“大脑的任务不是告诉我们正确或客观的世界观，而是给我们有用的观点——一个我们可以拿来使用的观点。”它的主要任务是帮助这个由骨骼和肌肉组合起来的肉体能够存活、繁衍；虽然寻找意义很重要，但这只是它的第二考量。所以，对别人说真话也不是首要目标。

这不是说康德所景仰的是错误的。我们都必须学会纠正性格中的扭曲的部分，并克服偏心和成见，努力接近真相。如何做到这些呢？靠通力合作。首先，我们必须发展说实话的社会形态：依靠正确的道德准则，让我们了解诚实的好处；其次，继承和发展对的社会性思维模式：伏尔泰、培根、拉瓦锡及富兰克林给我们留下了有逻辑的、严谨的科学思考；第三，我们发展可以彼此监督的社会环境：在法律、民主、自由等机制上的进步，使得我们宣称的每句实话，都会受到挑战。

但这些当然还不足以让我们对抗不诚实或腐败，而且这些做法也完全不能改变我们的天性。但也许我们可以听听考斯顿的观点：人类是有缺点的生物，但让我们保持诚实的是我们的社会义务，而非抽象的道德规则，这就是为什么我们必须努力发展民主社会机制的原因。诚实的环境需要我们去一起营造。

二、不要相信你觉得确定的事

在现代文化中，我们十分强调要“相信自己”。我们都被教导要跟从自己的心意，相信自己的直觉。但我们的直觉也会有误区。例如，提摩西·威尔逊（Timothy Wilson）的研究指出，我们甚至无法正确地预估自己的行为——而我们的朋友，甚至知情的陌生人，会比我们自己更清楚我们将采取什么行动。是的，我们有预知自己思想和动机的能力，但这反而会让我们得到过多的信息。既然见树不见林，我们会基于对自己性格的错误分析，而对自己的行为做出一些奇怪的预测。我们会高估自己节食或健身的成效，低估自己爱上不该爱的人的惯性。我们关注那些并不存在的动机和意图，却否认那些真正存在的原因和想法。

“对自己诚实”，但不要太相信自己。我们都有一种自然的倾向，越是对于我们竭诚相信的事物，就越可能以为自己是正确的。但事实并非如此。神经科学家罗勃特·伯顿（Robert Burton）认为，我们有一种被大脑激化的自我欺骗的错觉——他称为“知晓的感觉”。当我们坚持己见，或是再次确认一个已经相信了很久的信念时，我们体验到的确定感是不可信的，它是我们设计出来的感觉；这种设计虽然可以帮助我们做出决定（得以行动），但与决定的正确与否没有太大关系。

知晓的感觉会让我们误入歧途，因为它鼓励我们拒绝或不要考虑反对意见，并容许一种不理性的偏见来主导我们的心灵（例如我们过度相信自己能够辨别他人是否在说谎）。我们必须自我防卫，不要上了善于自我欺骗的心灵的当。物理学家理查德·费曼（Richard Feynman）曾说过：“首要原则是不要愚弄自己，你是最容易上自己当的人。”

当然，活在100%的确定性中，这几乎是不可能的。然而在合理范围内，我们应该尽可能地用“我相信”来代替“我知道”，即使这代表我们其实并非那么全能。经济学家泰勒·科文（Tyler Cowen）评论道，多数人认为自己的信念有100%的正确性，但较合理的估计应该是60%左右的正确性。承认自己的缺点或错误，其实并不是那么难。现在就试试看，你会明白我的意思。如果我们少聆听一些自己的“知晓的感觉”，多听听别人的意见，这个世界应该会变得更美好。

三、为错觉保留存在的空间

在温哥华岛和北美太平洋的海岸之间，有一条狭长的水域，这里聚集着峡谷、茂密的森林、岩石群和几乎难以穿越的岛屿。几千年来，加拿大夸扣特尔（Kwakiutl）的渔民们居住在跟温哥华岛毗邻的大陆上。夸扣特尔人以制作精美的陶艺而闻名，他们有一种类似冬季赠礼节（potlatch，印第安人的节日）的特殊习俗，不同社群的首领会竞相放弃他们的财富。另外，他们也因为盛产巫师而闻名：通过与神祇沟通而治愈患者的治疗者。1887年，法兰兹·鲍亚士（Franz Boas）这位人类学家记录下夸扣特尔巫师吟诵的治疗之歌，那位巫师的名字叫奇撒利德（Quesalid）。在录下他的声音后，鲍亚士也记录了许多年前奇撒利德成为巫师的过程。

年轻时的奇撒利德曾是个愤世嫉俗的家伙。当时，北美部落中的巫师是介于牧师、医生和摇滚明星之间的身份，他们被尊重甚至被敬畏；同时，他们的服务收取高昂的费用。在奇撒利德的家人和朋友眼中，他几乎是唯一一个对巫师的财富和地位不满的人。他认为，巫师们欺骗了那些有需要的、脆弱的蠢货，所以他想了个办法来揭发他们的罪行。首先，他必须赢得他们的信任，才能够得知他们的秘密，然后他打算把这个秘密告诉全世界，以此消解他们的神圣。

他开始与当地的巫师接触，终于有一位巫师收他当学徒，而奇撒利德上的第一堂课就是欺骗：他被教导如何假装昏厥和神经痉挛（巫师必须表现出跟神灵奋战的样子），以及如何担任“做梦者”：巫师任用的间谍，会在村子里偷听村民的私密对话，并转达给巫师，所以巫师才能够表现出深谙患者病况的样子。

奇撒利德甚至了解到最大的秘密——夸扣特尔巫师重要行动的真相。当部落有村民生病时，会征询巫师的意见，如果巫师断定病况是值得治疗的，就会举行一场精心策划的仪式。仪式上充满了音乐、歌唱和吟诵，巫师会靠近病人，把他的嘴贴在病人的患处——例如患者的胸膛——做出像是吸取病人身体里的恶灵的样子。现在，奇撒利德知道这是怎么回事了：巫师在嘴里藏了一小片鹰毛，然后咬破自己的嘴唇。等到鼓点越来越快，音乐到达高潮时，他抬起头来，吐出被血液浸湿的羽毛。

奇撒利德的猜测得到了证实：巫师最厉害的神力不过是魔术手法和蹩脚的欺骗手段。他打算对大众公开他的发现。然而，意外的事情发生了。有一天，奇撒利德被一户村民叫到家里去，说他家的孩子梦到奇撒利德将会成为他的治疗者。这是部落的惯例，当生病的人梦到治疗者时，那个人就是最可能治愈患者的巫师。面对这个绝望的请求，奇撒利德不忍拒绝。夜晚来临时，邻村的人驾着独木舟来接奇撒利德。已经藏了些鹰毛在嘴里的奇撒利德，准备进行他第一次的治疗仪式。

他一上岸就立刻被请到孩子的祖父家。屋子中间已经点起了火把，周围站满了前来围观的村民和儿童。生病的孩子就在屋子后面，他看起来非常衰弱，而且呼吸急促。奇撒利德跪在他身旁时，男孩睁开眼睛，指着他自己的肋骨下方低声说道："欢迎你的到来，请发发慈悲救我一命。"奇撒利德的嘴巴靠近男童的身体，同时咬破自己的舌头。几秒之后，他抬起头来，在掌心吐出血渍。当他起身围着火把跳舞时，音乐变得更大声、更快速，他唱着圣歌，并将男童的"疾病"

展现给大家看，然后把羽毛丢进了火炉。这时，男孩坐了起来，他已经恢复了一大半。

※ ※ ※

以下是美国人类学家阿尔弗雷德·克罗伯（Alfred Kroeber）在1952年的记载：

接下来的是一个关于欺骗的老问题。或许全世界大部分的巫师及治疗者都曾经用魔术手法治疗过患者，也曾经展现过“神的力量”，这种戏法有时候十分精细。在许多案例中，即便巫师知道自己行使诈欺手法，但仍旧相信这种力量，以及其他巫师的力量：他们自己或子女生病时，也会求助于其他巫师。

即便不情愿，奇撒利德也已经从学徒变身为巫师，从欺骗的敌对者变成错觉的共谋者。虽然这个故事发生在距离我们十分遥远的社会，但在某种程度上，它引发的问题却是我们每一天都会面临的。

剧作家艾伦·班尼特（Alan Bennett）认为，“做自己”其实是一个“令人费解的指令”。班尼特强调，或许它真正的意思是“假装做自己”。社会学家欧文·高夫曼（Erving Goffman）指出，舞台和真实人生的界线模糊到让人惊讶。当然，要成为好演员需要技巧和训练，但这并不妨碍大部分人在有了剧本和简单的指导后，就能够以具有真实感的方式向观众传达情绪。高夫曼说，这是因为“生活本来就是充满戏剧性的”。一般的社会互动就是即兴演出，我们的“表演”已经足够生动。在高夫曼的观点中，我们都是忘了自己是在演戏的演员。大多数时候，我们既知道别人在对我们演戏，同时又相信这样的表演。在《便士巷》（*Penny Lane*）中，披头士吟唱了许多主角：银行家、消防员和理发师，他们都是街道的一景；一位年轻护士用托盘出售罂粟，让她觉得自己像是在演戏一样。“而她的确是在演戏。”保罗·麦卡特尼（Paul McCartney）唱道。

※ ※ ※

在易卜生（Henrik Ibsen）的《野鸭子》（*The Wild Duck*）一书中，主角说道：剥夺一名男子的生活谎言，等于夺走了他的快乐。易卜生相信，我们许多人都知道现实并不愉悦，因此我们戴上了理想主义的面具（这个面具同时也是我们的挡箭牌），它为我们创造了另一种生活。这是在现代戏剧和文学，尤其是美国传统的戏剧和文学中最常见的主题，它和中产阶级苍凉无望的未来有关。想想看亚瑟·米勒（Arthur Miller）的推销员、约翰·契弗（John Cheever）的游泳者（约翰·契弗是美国小说家，他的短篇小说《游泳者》描述了主角在游泳回家的过程中发生了超现实事件）、理查德·耶茨（Richard Yates，美国作家）的主角常有的幻想与羞怯，以及在电影《美国丽人》（*American Beauty*）中有自我毁灭倾向的主角莱斯特·伯哈姆（Lester Burnham）。在尤金·奥尼尔（Eugene O'Neil）的《送冰的来了》（*The Iceman Cometh*）里，主角宣称“是白日梦的谎言给了我们这些可悲的疯子生命，不论酒醉或清醒”。在这些故事里，生活的谎言都被塑造成是“飞离真诚的欺诈号航班”，艺术家的工作则是揭开这个面具。

我们必须和现实紧密接触，同时又强烈需要去诉说一些不真实的故事，并且相信这些故事。没有前者，我们就无法跟环境共处或跟其他人共处；没有后者，我们将缺乏让人类进步的想象力。或许我们应该同时尊重这两种需求，泰然地戴上我们的面具，但是又不能忘记自己脸上有面具。用华莱士·史蒂文斯（Wallace Stevens）的话说，“相信小说，虽然你知道它是虚构的”。

在治愈了第一位患者后，奇撒利德被奉为伟大的巫师。几年下来，他因为做了原本不愿意做的虚假之事而成名致富。也许，唯一不相信奇撒利德能够演示这种神奇力量的人，就是他自己。但随之而来的成功已经动摇了他原本持有的怀疑，他表示，他对自己的工作感到万分骄傲。